辽版
山海经图说

LIAO DYNASTY
EDITION

THE CLASSIC OF
MOUNTAINS AND SEAS

陈馨 主编

清华大学出版社
北京

本书封面贴有清华大学出版社防伪标签，无标签者不得销售。

版权所有，侵权必究。举报：010-62782989，beiqinquan@tup.tsinghua.edu.cn。

图书在版编目（CIP）数据

　　辽版山海经图说/陈馨主编 . —北京：清华大学出版社，2022.6
　　ISBN 978-7-302-58857-3

　　Ⅰ . ①辽… Ⅱ . ①陈… Ⅲ . ①历史地理—中国—古代 ②《山海经》—图解 Ⅳ . ① K928.631-64

　　中国版本图书馆 CIP 数据核字 (2021) 第 158279 号

责任编辑：张立红
封面设计：邹余
版式设计：减法制书
图片摄影：李坤
责任校对：赵伟玉
责任印制：丛怀宇

出版发行：清华大学出版社
　　　　网　　　址：http://www.tup.com.cn，http://www.wqbook.com
　　　　地　　　址：北京清华大学学研大厦 A 座　　邮　编：100084
　　　　社 总 机：010-83470000　　　　　　　　　邮　购：010-62786544
　　　　投稿与读者服务：010-62776969，c-service@tup.tsinghua.edu.cn
　　　　质 量 反 馈：010-62772015，zhiliang@tup.tsinghua.edu.cn
印 装 者：北京博海升彩色印刷有限公司
经　　销：全国新华书店
开　　本：170mm×240mm　　　　印　张：23　　　　字　数：180 千字
版　　次：2022 年 7 月第 1 版　　　印　次：2022 年 7 月第 1 次印刷
定　　价：178.00 元

产品编号：088403-01

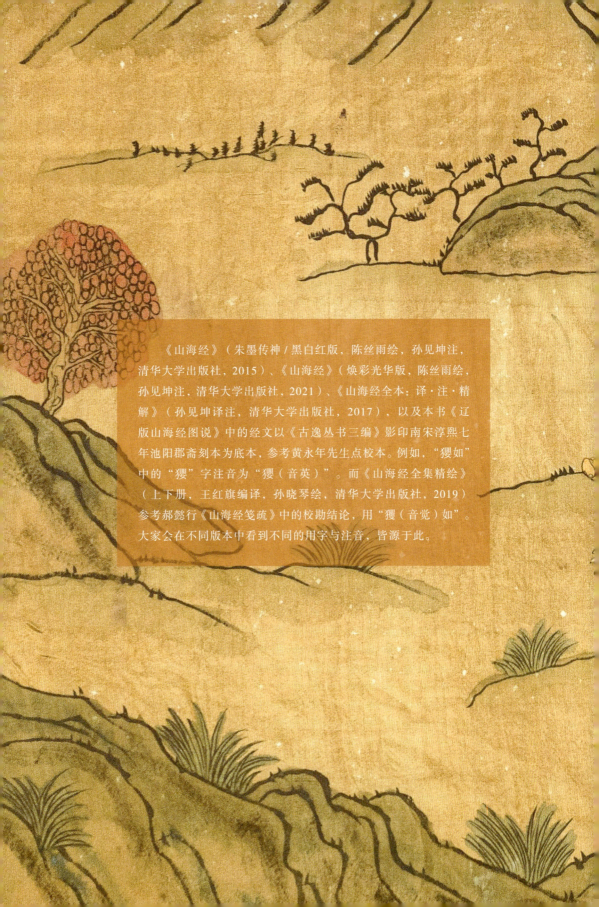

《山海经》（朱墨传神/黑白红版，陈丝雨绘，孙见坤注，清华大学出版社，2015）、《山海经》（焕彩光华版，陈丝雨绘，孙见坤注，清华大学出版社，2021）、《山海经全本：译·注·精解》（孙见坤译注，清华大学出版社，2017）、以及本书《辽版山海经图说》中的经文以《古逸丛书三编》影印南宋淳熙七年池阳郡斋刻本为底本，参考黄永年先生点校本。例如，"猨如"中的"猨"字注音为"猨（音英）"。而《山海经全集精绘》（上下册，王红旗编译，孙晓琴绘，清华大学出版社，2019）参考郝懿行《山海经笺疏》中的校勘结论，用"玃（音觉）如"。大家会在不同版本中看到不同的用字与注音，皆源于此。

序

  《山海经》是先秦时期的文化百科全书，其特点就是有大量插图，俗称"图文书"。过去学术界围绕先有经还是先有图的问题曾争论不休。从文化发生学视角来说，《山海经》是先有民间传说，文明时代以后由文人将其记述为书，画家则绘其图。晋代郭璞、陶渊明曾谈到过《山海经》图。梁代绘画大师张僧繇曾绘过十卷本《山海经》，北宋舒雅也重绘过，然而都失传了。目前学术界所涉及的《山海经》图都出自明清版本，是否有更早的《山海经》图就不得而知了。

  历史古籍往往让我们有意外的发现，如敦煌石室文书、内蒙古黑水城遗址就是两次突发性的发现，对古史研究有重大的影响。近几十年来，内蒙古东部又发现不少东北亚的古籍，其中就有若干部《山海经》，有帛画的、纸绘的，有卷装本，也有皮装本。其中我看到过不少部，本人也收藏了三部，极其珍贵，可弥补《山海经》古本之不足，应尽快出版发行，供广大学者研究。陈馨女士的《辽版山海经图说》中集聚了宋朝时期辽代的帛书《山海经》图，对探索《山海经》古图、解析《山海经》的内容都有重要意义。

宋兆麟

宋兆麟：1936年出生，民族考古学家。毕业于北京大学历史系考古专业，中国国家博物馆研究员，中国民俗学会首席顾问，古代造像专家。长期从事考古学、民族学、民俗学研究，侧重史前文化和民间文化的研究。

初读《辽版山海经图说》

听说有一批辽代绘制的契丹文《山海经》图时,我的内心是颇为诧异的。因为在我有限的认知里,辽代似乎没有什么人物或文献与《山海经》有关。而且在宋代,《山海经》的流传范围相当有限。永嘉学派的创始人薛季宣就曾说,《山海经》"今独《道藏》有之"。他四处搜求了近二十年才得到一部,令他感叹"《山海经》虽在,亦且亡矣"。而遥远的北方辽国,又怎么会有人想要去绘制一部几乎完整的《山海经》图呢?为此,我还专门翻阅了陈述先生的《辽史补注》和《全辽文》。在这两部堪称辽代史料集大成的著作中,我依然没有找到《山海经》的蛛丝马迹。

直到我拿到《辽版山海经图说》,这一疑问依旧没有消除。通过书前的序言,我大致了解了这批契丹文《山海经》图发现、整理、出版的过程。宋兆麟先生的鉴定意见无疑能大大减轻读者对这批图的怀疑,但依旧难以解答我之前的疑惑:在辽代,会有人读《山海经》,并进而画出这么一大批图吗?

拜近年来古籍数字化与数据库建设所赐,我意外地在《宋史》的《刘敞传》中发现了一条线索。刘敞是北宋时期一位比较重要的学者,他有一次奉命出使辽国。路过顺州时,当地山中有一种怪兽,"如马而食虎豹",当地契丹人不认识这是什么东西。刘敞听后告诉他们:"这是䮝啊。"随即将《山海经》《管子》等书中的有关记载背诵出来,契丹人十分惊叹、佩服。鉴于契丹人对于学习中原文化一向十分热衷，我们或许可以从这里推想，经过这件事，他们很有可能向宋朝求购《山海经》等典籍，并在其境内传播。然后，有一位热爱甚至痴迷《山海经》的人，绘制了一套《山海经》图，并将《山海经》相关的内容翻译成契丹文字。这种事情，应该说是颇有可能发生的。虽然这些只是基于刘敞出使契丹故事的推想，但这至少说明，在辽国阅读、流传《山海经》，并为其绘图，具有一定的可能性。

　　来看这批图，我既不懂契丹文字，对书画鉴定也仅有一点连皮毛都不算的常识，因而只能说一点粗浅的直观看法。首先，从绘画的技法上来看，这批图是比较粗糙、稚拙的，与传世的辽代名画《山弈候约图》、胡瓌《番骑图》等相去天壤，不可同日而语。但是，细看其中神灵、人物的画法，依稀与应县木塔所发现的辽代《神农采药图》有些相似之处。《神农采药图》是辽代民间画工的作品，如果这批图确是辽代遗物的话，那它们很可能也是出自民间画工，而非上层文人、画师之手。其次，这批图采用的也是一物一图的模式，基本按照原书顺序排列。这种绘制方式与现存的明清以来各种《山海经》图基本一致。而与已经失传的张僧繇、舒雅绘本不同，舒雅的绘本据记载是将所画内容分类编排，并不依据原书次序。而舒雅本又是依据残存的张僧繇绘本重画的，那么很可能六朝以来的《山海经》图使用的都是分类编排，而非顺序编排。倘若这批画的时代确认无误，或许可以将其视作《山海经》图由分类编排到顺序编排的一个过渡。当然，考虑到这批图被发现时已经是散面的状态，其原本的编排形式也可能并非写作所见到的样子。

任何新发现的文物或文献，往往都免不了争议，契丹文《山海经》图也是一样。随着这本书的出版，存疑者、质疑者、否定者肯定会出现，而且人数恐怕还不会很少。但这本书出版的价值之一，或许正在此处。对于任何一份新发现的材料来说，将其完整地公之于众，让大家去讨论，才是对它最大的尊重。

即使抛开是不是辽代绘制，无视画旁的契丹文字，单纯将之作为一套新出现的《山海经》图来欣赏，又有何不可呢？

孙见坤

写在《辽版山海经图说》出版之际

当年我们在中国书籍出版社出版契丹文的研究著作时,有人知道我和兄长李肇琪对辽金文化感兴趣,疑惑道:契丹在北方,南部广东也会有人在研究?当出版社编辑转告了该疑问时,我们并不感到意外。其实近现代受学历制度影响,对于做学问的人,每每先关心的是学历、资历、职称,学术研究经历倒在其次。而对于地域性比较强的学问,自然还会关心其居住和成长的地域,这类思维模式是比较常见的。不过,有些领域的学问,尤其是涉及绝学,在象牙塔里无从研究,必须深入乡野才能获得真学问。这时候,即使学历再高,抑或在当地生活几代,也未必有所耳闻,更遑谈有所研究了。

想当年,与中国台北故宫博物院原院长周功鑫进行交流时,她只是询问我们是从什么时候开始对辽金研究的,至于学历、专业、居住地域并不关心,她只关心我们研究了什么以及研究的成果。

由于大多数读者对辽金文献几乎不了解,因此,我想在这里简单介绍一些和这本书及我们的研究相关的历史。宋真宗时期,广东曲江人余靖曾三次出使辽国,面对辽王侃侃而谈,还以契丹语作祝酒诗。辽王大悦,三次起身向余靖敬酒。欧阳修记录了此事,提及余靖"坐习虏语",想来他们对"契丹语"也会有交流探讨。千年前的先贤尚能如此，何况今人耶？

　　今有原籍北京、久居广东的陈馨女士对辽金文化热爱至深，十余年来研究不辍。尤其是对丝织物认识颇有见地，可能是她长期做织物贸易积累下的专业知识之故。古代织物与现代织物不仅在原材料上有天壤之别，在织造工艺上更是大相径庭。仿旧只能外观相似而已，其实质是无法改变的。

　　众所周知，辽国建立不久，即先后创制了契丹大字和契丹小字两种文字。由于契丹境内的汉族都使用汉文，契丹上层统治者也大都通晓汉文，并以汉文为尊。契丹文为新造字，普及需要时间，因而契丹文使用范围有限。金国灭辽后，契丹文字继续被女真人使用，并在随后的女真制字过程中起了很大的作用，直至金章宗明昌二年（1191）才"诏罢契丹字"。从创制到废止，契丹文字前后共使用二三百年，随着哈剌契丹（亦称黑契丹）建立的西辽（1124—1211）灭亡后，成为死文字，也成为当今古文字界公认的绝学，尤其是契丹大字。

　　辽代严格限制契丹文化的"出口"，沈括的《梦溪笔谈》卷十五记载了一条史料：幽州僧行均集佛书中字为切韵训诂，凡十六万字，分四卷，号《龙龛手镜》（后称《龙龛手鉴》），燕僧智光为之序，甚有词辩。契丹重熙二年（1033）集。契丹书禁甚严，传入中国者法皆死。

　　许多种不同类型的少数民族古文字对研究文字的源流和发展及各民族文化的发展史都有重要意义，在世界文字学的研究中也占有十分重要的地位。契丹小字有许多汉语借词，记录语音较准确，契丹小字的解读对中古汉语语音的构拟有重要的参考价值。从辽金河寺僧释行均所编纂的字书《龙龛手鉴》中，可以看到契丹文从汉字演变过来的痕迹。

多年来我们一直在坚持做契丹文的破译工作，努力将契丹文复活。87岁高龄的刘凤翥老师在契丹小字的研究上颇受推崇，学者陈传江潜心研究契丹文多年，也释读了相当可观的契丹小字。这些力量汇聚起来，对辽金文化的研究和保护将起到促进作用。

当我们触摸这批契丹古帛画时，那极薄柔软的材质令人震撼，与现代织品完全不同。鲜艳的矿物质颜料在显微镜下闪闪发光，犹如宝石般美不胜收。古朴的造型与细致的线条完美组合，为现代人提供了无限的创造灵感。出版这部绢本《辽版山海经图说》（我们更希望书名为《契丹文版山海经》），是《山海经》研究者与辽金文化爱好者的福音，它不仅为《山海经》的研究者提供了新的素材，还提供了大量的契丹文实例供研究，更有绘画艺术、颜料色彩等诸多领域等待我们去探讨发现。

李肇伦

李肇伦：广州岭南文化研究会副会长，广东省老科学技术工作者协会理事，辽金文化爱好者和研究者，曾上山入地访古寻珍15年，在中国书籍出版社出版《彩图本契丹文献探秘》（李肇伦，王加勋），在文物出版社出版《西夏遗珍》（陈震，刘亚谏，李肇伦），参与《钱币上的契丹字》（中国市场出版社）的编写。研究领域包括契丹女真党项文化（辽金西夏时期）、岭南俚僚文化（南北朝隋唐时期）、古纸断代研究、古代宗教等，发表多篇历史文化研究及辽金文学研究论文。

前 言

　　了解一个民族的文化，最好从了解她的古文化开始。《山海经》是华夏文明当之无愧的重要源头之一。从成书至今，数千年来《山海经》是举世公认的上古奇书。它上涉天文、下涉地理，涵盖气候、物产、医药、科技、民俗、巫觋、祭祀、宗族文化等多个领域，引导我们从几个不同的层面认识和了解中华五千年的文明史；它以图文形式记录了三皇五帝和众神的故事，以游记的形式讲述了各个部落与民族在不同的"山"与"海"之间的江湖大地上形成、迁徙、融合、发展的历史。所以《山海经》无疑又是一部上古华夏的叙事史，在开启读者眼界、传播知识的同时，亦有启发智慧、潜移默化、教化人心的作用。

　　《山海经》是先秦古籍，从最早集结成册起，就因其内容涉猎庞杂、荒诞不经，远远超出时人的认知，因此在相当长的一段时期内，不被世人关注，导致早期的图文资料遗失殆尽。一般认为，《山海经》古图早在西汉后期就已经流失，刘向、刘歆父子在整理校订的时候就已经无缘见到原始古图了。魏晋时陶渊明流观的山海图也很快亡佚，后又有南朝梁张僧繇所画之图出现。到了宋代，其图又已残阙。宋真宗咸平二年（999），秘阁校理舒雅依据张僧繇的残图重绘十卷。如清代学者郝懿行所说："中兴书目云：'山海经图十卷，本梁张僧繇画，咸平二年校理舒雅重绘为十卷，每卷中先类所画名，凡二百四十七种。'是其图画已异郭陶所见。"其后，再历经后人不断地校注与增补，版本非常庞杂，不胜枚举。目前所见版本，时间较早的是明代崇祯年间出版的晋代郭璞注《山海经》版本，宋元刻本极少，多数为清代刻本。主要原因是到了清代，由于雕版印刷技术的成熟与广泛应用，古籍考据风气空前盛行，《山海经》受到前所未有的重视，因而涌现出一大批清代的注疏与刻本，其中以吴任臣的《山海经广注》、郝懿行的《山海经笺疏》、汪绂的《山海经存》等最为著名。我们今天看到的《山海经》一共十八卷，三万一千多字，其中《山经》五卷、《海经》八卷、《大荒经》四卷、《海内经》一卷。

  许多年前，痴迷古物收藏，同时又一直挚爱《山海经》和《楚辞》的我，有幸遇到了一位雅人。一次去他的"雅集"欣赏他收藏的古物，竟然遇到了我喜爱的帛画，可惜的是，画中的文字是契丹文，我立刻失去了兴趣。正在失望之际，我发现了《山海经》里我最爱的千古第一"型男"——刑天，再一看还有后羿、应龙，以及其他我早已烂熟于心的神仙和神兽，我立刻感到一阵窒息，难道这是《山海经》的图画吗？但是，怎么会有契丹文的《山海经》呢？什么人会把并非主流文化的《山海经》画在珍贵的丝绸上呢？这些帛画是真的还是仿的？带着这些疑虑，我马上联系国家博物馆的民俗考古学家和鉴定专家宋兆麟先生，在征得主人同意的前提下，我请宋先生前来鉴赏。见到这几张帛画，宋先生也惊呆了，他小心翼翼询问这些画的出处，主人说来自域外一座古代寺庙。宋先生经过反复观看后，和我一起说服画主人先出让几张，由宋先生带回去仔细研究。两天后，宋先生给我打电话说:"这些帛画非常珍贵,确定无疑是辽版的《山海经》,这可是辽代游牧民族与中原农耕文化交流的历史见证,赶紧抢救,看看还有多少张,能否全部拿下?"就这样,我们再次和帛画主人商讨,我们募集到一笔费用就买一批,花了一年多时间,终于把剩下的帛画全买了下来,一共 327 张彩绘图。

我对这套帛画爱如珍宝,常常忍不住拿出来与喜爱古籍的专家交流,他们看到后也喜不自禁,回去后他们总是会打电话劝说我出版这套帛画,以便让更多的人看到。但是,收藏对我来说,只是我个人的兴趣爱好,所以,我一直保持低调,如果拿出来出版,会不会因为一些意想不到的原因打乱我的生活和工作节奏呢?

了解到我的这个顾虑后,宋先生带我去拜访了社科院的马昌仪先生,跟马先生共同探讨这一不可思议的发现。在接连看了一些图画后,惊讶之余,马先生表示:"真的很震惊,不可思议,怎么还有契丹文的《山海经》呢?虽然我不是搞鉴定的,这么多图,还真的不能回避和否认其存在。"马昌仪先生从 20 世纪 80 年代开始,查阅了国家图书馆所有的《山海经》典籍和善本,并将这些典籍中的《山海经》古画全都整理出来,撰写并出版了《古本山海经图说》,这本《古本山海经图说》为后世学者全面了解《山海经》古图打开了方便之门,每个山海图的爱好者都曾因为这本书而受益。但是,他们很少了解,在那个没有电脑的时代,这本书的书稿是将文字写在纸上,图片复印后剪下来并贴在稿件相应位置上，进行整理的。马昌仪先生在看到《辽版山海经图说》的稿件后，竟然托宋兆麟先生将她当年整理的全部手稿转赠给我。这份无言的重托至今都在默默激励着我排除万难，继续《山海经》的收藏和研究，也促使我不再犹疑地走向了公开出版之路，以期分享给海内外学者与同道，与更多的山海经爱好者共同切磋探讨，彼此促进。

值得一提的是，马先生当年的《古本山海经图说》出版后不久，时年就读于清华大学美术学院的陈丝雨在清华大学图书馆借阅了这本书，从此被激发出无限的想象力，痴迷于绘制与山海经古图完全不一样的新山海图。而更加神奇的是，这些新山海图于2015年出版后，引起了国内外广泛的关注，从此开启了一个山海图出版的全新时代。

言归正传，继续介绍这套帛画。帛是一种丝织品，和绢一样都是中国最早的丝绸织物品种。《左传》里就有"牺牲玉帛，弗敢加也"这类的表述。春秋时期的普通民众基本是以麻衣蔽体，当时卫国的国君卫文公也仅仅用帛做了个冠饰而已，足见古代帛的贵重地位。帛不仅令普通人难以触及，更是经常与玉一起用于祭祀神祇。帛画是中国最古老的绘画之一，用矿物颜料在帛上绘制而成，它兴起于战国时期，是当时楚国贵族记录楚文化最重要的载体之一。战国以来神仙思想在齐楚大地的上层社会极为风靡，而楚国是巫文化最为盛行的地方。东汉人王逸在《九歌序》中写道："沅湘之间，其俗信鬼而好祠，其祠必作歌乐鼓舞以乐诸神。"屈原创作的诗篇《招魂》也是楚国巫文化的一个代表，历史上的帛画正是这种风俗的产物。从马王堆和马山出土的作为魂幡的帛画及其内容来看，不难判断帛画正是作为一种独特的载体和艺术形式记录了那段历史时期的神仙思想，为后世追溯和研究先秦天地哲学和生死文化提供了宝贵的资料。

《山海经》里有大量描述祠祭和巫觋的活动，在《大荒西经》里更有夏后启三次往返于天庭，把乐曲《九辨》与《九歌》带到人间的记载。曾有学者认为，晋代郭璞、隋代释智骞等人之所以能在《楚辞》研究方面取得超凡的成就，得益于他们对《山海经》文化价值的挖掘与利用。在造纸术和雕版印刷术发明之前相当长的一段时间内，帛画更多地以绘画的形式承载着重要事件的叙事功能，尤其是一系列同一主题的帛画，事实上就是早期的手卷，或者说是早期的卷装书。丝绸材质的帛画，其书写和绘画效果精美，便于携带与传播，相对于竹简有容易保存的优势，无论就承载的内容还是使用者的等级来说，帛画都远远高于竹简和羊皮做成的书卷。

在整理这套辽代帛画时我有几点感受，在此分享并与大家探讨。

（1）因为学界公认的《山海经》古图早已遗失，后来各个时期的研究者对《山海经》到底是先有图还是先有文一直争论不休。郭璞在《山海经图赞》中，就《海外北经》里"深目国"评注："深目类胡，但口绝缩。"一些学者推测郭璞所说的胡人应该是岭南两广一带的少数民族，因为早期中原的中外交通远不如唐宋时期频繁与活跃，人们对胡人的认知尚不明确，有很多猜测。从这套辽代《山海经》帛画里可以清楚地看到很多高鼻深目、红毛卷发的胡人，非常具有代表性。宋代学者姚宽在《西溪丛语》中说："《山海经·大荒经》：有神衔蛇，其状虎首人身，四蹄长肘，名曰彊（音强）良，亦在《畏兽画》中，此书今亡矣。"以上两个观点都是在强调历史上的《山海经》是有图有文的，只是因为某些原因失传了而已。这套辽代《山海经》帛画，图文并茂，能够很好地印证郭璞与姚宽所陈述的观点，并且帛画所属的年代与姚宽是同一个时期。另外，我注意到，在创作畏兽和山神等核心形象的同时，画家把相关的远山、江海以及树木、花草等一并绘制出来了，笔触细腻生动，画面感十足，瞬间把观赏者带入经文所描述的场景中，有种穿越时空的感觉。

（2）在这套辽代帛画的许多画面里可以看到拜火教的影子。画家借助拜火教对火焰造型特殊的表现方式，营造出一种独特的装饰效果，渲染畏兽和山神的神秘与威力。拜火教在古代中东和中亚地区影响力很大，也曾经是古代波斯的国教，早于基督教的诞生。拜火教在唐代和北宋时期比较流行，到了南宋日渐衰败。契丹民族的生活聚集地在北方草原的丝绸之路上，契丹人在深度参与东西方贸易活动的同时，也必然受到外来宗教文化和艺术的影响。其间与中原汉族地区也有着密切的联系与交往。这些民族元素融合而成的文化成果完整地呈现在这些帛画里，成为一种见证。

（3）纵观人类历史，不同种族、民族及不同宗教信仰的人，从来没有停止过对自身与外部世界联系的探索与追寻。通过这套绘画细致、保存完整的辽代帛画，我们可以看到契丹民族有着同样的探寻精神，渴望认识、了解广阔的天地与千奇百怪的大千世界。抑或，这也许是当时辽国的文化人士对国人的一个认知启蒙。

由于契丹文字已经消亡，目前几乎没有能够通读契丹文字的人，加上辽代历史的资料稀少，过去人们一直以为契丹民族不过是北方的一个游牧民族，除去铁骑弯弓、穷兵黩武之外，在文化方面似乎建树不多。事实上，从国内外的历史学家、考古学专家陆续发表的有关契丹民族、蒙古族的论文来看，地处北方草原丝绸之路的古代辽国，除了很好地吸收了中原先进的汉文化以外，也对来自西方的宗教、文化和艺术兼收并蓄，起到了非常重要的文化传播作用。

最后，感谢我的团队和摄影师李坤，他们精心拍摄了 327 张薄如蝉翼的帛画，把如此完美而清晰的图像通过摄像镜头保存下来并呈现给全社会，提供给有能力和有兴趣研究《山海经》的读者。感谢所有参与者的努力，希望本书能够为大家提供有益的参考与帮助。

陈馨

● 第一卷　　南山经

狌狌…………………… 002
白猿…………………… 003
蝮虫　怪蛇…………… 004
鹿蜀　旋龟…………… 005
鯥鱼…………………… 006
类……………………… 009
猼訑　鶓鵂…………… 010
赤鱬…………………… 011
鸟身龙首神…………… 012
狸力　鴸……………… 013
长右…………………… 014
猾裹…………………… 015
龙身鸟首神…………… 016
彘……………………… 018
蛊雕…………………… 019
犀　兕　瞿如　虎蛟 020
凤皇…………………… 023
鱄鱼…………………… 024
颙……………………… 025
龙身人面神…………… 026

● 第二卷　　西山经

羬羊…………………… 030
肥𧔥…………………… 031
赤鷩…………………… 032
葱聋　鴖鸟…………… 033
䲃鱼…………………… 035
豪彘…………………… 036
嚣　橐蜚……………… 037
猛豹…………………… 038
䯄边…………………… 039
獓如　数斯…………… 040
擎……………………… 043
羚　鸓………………… 044
虎　豹………………… 045
㲋溪…………………… 046
朱厌…………………… 047
麋　鹿………………… 048
人面马身神　人面牛身神 049
举父　蛮蛮…………… 050
鼓　钦䲹……………… 051
文鳐鱼………………… 052
英招　槐鬼离仑　天神 054
陆吾　土蝼…………… 056

鰯鱼…………………… 058
长乘…………………… 059
狡　胜遇……………… 060
狰　毕方……………… 061
天狗…………………… 062
江疑…………………… 063
三青鸟　徵佊　鸥…… 064
帝江…………………… 066
讙　鸰鶋……………… 067
羊身人面神…………… 068
当扈…………………… 069
神𩴔…………………… 070
蛮蛮…………………… 071
駮……………………… 072
穷奇　嬴鱼…………… 073
絮魮…………………… 074
孰湖　人面鸮………… 075

● 第三卷　　北山经

水马…………………… 079
滕疏　儵鱼…………… 080
何罗鱼　孟槐………… 081
鳛鳛…………………… 082

目 录

橐驼 寓鸟………… 083

耳鼠………… 084

孟极………… 086

幽䴅………… 087

足訾 䳤………… 088

诸犍………… 089

㻬斯………… 091

长蛇………… 092

窫窳………… 093

鱲鱼 山䰠………… 094

鲐鱼………… 095

猲 龙龟………… 096

閒………… 097

駮马………… 098

狍鸮………… 099

独狢 鵁鵊………… 100

居暨 嚻………… 101

蛇身人面神………… 102

驒 鹌………… 103

天马………… 104

人鱼………… 105

飞鼠………… 106

领胡 象蛇 鲐父鱼………… 108

酸与………… 111

精卫………… 112

钱………… 113

辣辣………… 114

㺎………… 115

罴九………… 116

马身人面廿神

彘身八足神………… 118

● 第四卷　东山经

从从 蚩鼠………… 122

鯈鯈………… 123

狪狪………… 124

人身龙首神………… 125

獙獙………… 126

兽身人面神………… 128

狓狓 絜钩………… 129

人身羊角神………… 132

狪狙 蚳雀………… 133

薄鱼………… 134

当康………… 135

鳙鱼………… 137

● 第五卷　中山经

䰷………… 140

豪鱼………… 141

鸣蛇………… 143

化蛇………… 144

蟹蛈………… 145

人面鸟身神………… 149

魑武罗 鸰………… 150

熏池………… 152

泰逢………… 153

䴢………… 154

人面兽身神………… 155

鴢鸟………… 157

骄虫………… 158

修辟鱼………… 159

山膏 文文………… 160

三足龟………… 163

人面三首神………… 164

蛊围………… 165

计蒙………… 166

涉蛊………… 168

白犀………… 169

鸟身人面神………… 170

鼍⋯⋯⋯⋯⋯ 172	毕方⋯⋯⋯⋯⋯ 204	蓐收⋯⋯⋯⋯⋯ 235
窃脂⋯⋯⋯⋯⋯ 173	谨头国⋯⋯⋯⋯ 206	无䏿国⋯⋯⋯⋯ 237
狍狼⋯⋯⋯⋯⋯ 174	厌火国⋯⋯⋯⋯ 207	烛阴⋯⋯⋯⋯⋯ 239
雒⋯⋯⋯⋯⋯⋯ 175	载国⋯⋯⋯⋯⋯ 208	一目国⋯⋯⋯⋯ 240
马身龙首神 麒麟⋯ 176	贯匈国 交胫国⋯ 210	柔利国⋯⋯⋯⋯ 241
跂踵⋯⋯⋯⋯⋯ 180	不死民⋯⋯⋯⋯ 211	相柳⋯⋯⋯⋯⋯ 242
龙身人面神⋯⋯ 181	岐舌国⋯⋯⋯⋯ 212	深目国⋯⋯⋯⋯ 243
雍和 耕父⋯⋯ 182	后羿 凿齿⋯⋯ 213	聂耳国⋯⋯⋯⋯ 245
婴勺⋯⋯⋯⋯⋯ 183	三首国⋯⋯⋯⋯ 215	夸父逐日⋯⋯⋯ 246
蛟⋯⋯⋯⋯⋯⋯ 185	长臂国⋯⋯⋯⋯ 216	拘缨国⋯⋯⋯⋯ 248
狌⋯⋯⋯⋯⋯⋯ 186	祝融⋯⋯⋯⋯⋯ 217	禺䝞⋯⋯⋯⋯⋯ 249
梁渠⋯⋯⋯⋯⋯ 187	三身国⋯⋯⋯⋯ 219	奢比尸⋯⋯⋯⋯ 250
闻獜 彘身人首神⋯ 188	一臂国⋯⋯⋯⋯ 220	虹虹⋯⋯⋯⋯⋯ 251
于儿神⋯⋯⋯⋯ 190	奇肱国⋯⋯⋯⋯ 222	黑齿国⋯⋯⋯⋯ 252
帝之二女 洞庭怪神 191	刑天⋯⋯⋯⋯⋯ 223	天吴⋯⋯⋯⋯⋯ 253
蜼⋯⋯⋯⋯⋯⋯ 192	丈夫国⋯⋯⋯⋯ 224	竖亥⋯⋯⋯⋯⋯ 254
飞蛇⋯⋯⋯⋯⋯ 193	女丑尸⋯⋯⋯⋯ 227	玄股国⋯⋯⋯⋯ 255
鸟身龙首神⋯⋯ 194	并封⋯⋯⋯⋯⋯ 228	毛民国⋯⋯⋯⋯ 256
	轩辕国⋯⋯⋯⋯ 229	句芒⋯⋯⋯⋯⋯ 257
● 第六卷 海外经	沃民⋯⋯⋯⋯⋯ 230	
	龙鱼⋯⋯⋯⋯⋯ 231	● 第七卷 海内经
结匈国⋯⋯⋯⋯ 198	白民国 乘黄⋯⋯ 232	
比翼鸟⋯⋯⋯⋯ 201	肃慎国⋯⋯⋯⋯ 233	枭阳国⋯⋯⋯⋯ 260
羽民国⋯⋯⋯⋯ 202	长股国⋯⋯⋯⋯ 234	伯虑国⋯⋯⋯⋯ 261
神人二八⋯⋯⋯ 203		

氏人国	262
巴蛇	263
旄马	264
贰负臣危	265
开明兽	266
蛟 蜼	267
西王母	268
吉量	269
鬼国	270
蜪犬	271
穷奇	272
蟜	274
阘非	275
环狗	276
驺吾	277
陵鱼	278
夷人	279
韩流	280
蜼蛇	281
鸟氏	282
黑人	283
嬴民	284
延维	285
玄豹	286

| 钉灵国 | 287 |

● 第八卷　大荒经

犁䰠之尸	290
王亥	291
应龙	293
夔	294
跂踵　双双	297
盈民国	298
不廷胡余	299
蜮人	300
祖状之尸	301
张弘国	302
骧头国	303
羲和浴日	304
不周山两黄兽
共工怒撞不周山	305
女娲	306
石夷	307
女子国	309
嘘	310
屏蓬	311
天犬	313

夏耕尸	314
吴回	315
夏后开	316
鱼妇	319
䲃鸟	320
琴虫	322
北齐之国	323
牛黎国	324
猎猎	325
九凤　彊良	327
蚩尤	328
白犬　戎宣王尸	329
少昊之子	330
犬戎	331
苗民	332

与马昌仪先生探讨《辽版山海经图说》……… 333

《山海经》是问题之书：中国人的科学精神源泉　336

The Classic of Mountains and Seas (Liao Dynasty Edition)

Volume 1
Classic of the Southern Mountains

第一卷 南山经

狌狌

Xing xing

《南山经》：南山之首曰鹊山。其首曰招摇之山，临于西海之上，多桂，多金、玉。有草焉，其状如韭而青华，其名曰祝馀，食之不饥。有木焉，其状如榖（音古）而黑理，其华四照。其名曰迷榖，佩之不迷。有兽焉，其状如禺而白耳，伏行人走，其名曰狌狌，食之善走。

    南山的第一个山脉叫鹊山，鹊山的第一座山叫招摇山，紧挨在西海的边上。山上有茂密的桂树，有金矿和玉矿。山里有种一草，长得像韭菜，开青色花，名叫祝馀，吃了它不会感到饥饿。山里有一种树，形如构树，有黑色的纹理，它的花好似阳光普照四方，树名叫迷榖，佩戴它不会迷路。山里有一种野兽，长得像猿猴，有白色的耳朵，既能匍匐前进，又可像人一样直立行走，它的名字叫狌狌。传说吃了它的肉，可以健步如飞。

狌狌

白猿

Bai yuan

《南山经》：又东三百里，曰堂庭之山，多棪（音演）木，多白猿，多水玉，多黄金。

再往东三百里，有一座山叫堂庭山，山里有茂密的棪木，林间生活着很多白猿，山里盛产水晶和黄金。

白猿

蝮虫 怪蛇

Fu chong Guai she

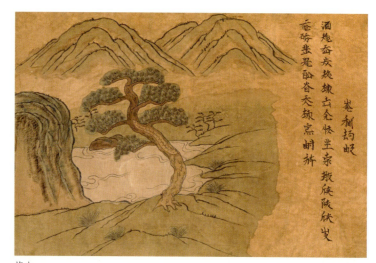

蝮虫

怪蛇

《南山经》：又东三百八十里，曰即翼之山，其中多怪兽，水多怪鱼，多白玉，多蝮虫，多怪蛇，多怪木，不可以上。

再往东三百八十里，有一座即翼山，山上有很多怪兽，水里有很多怪鱼，山上盛产白玉，有很多的蝮虫、怪蛇，还有很多奇怪的树木，这里山势险峻，难以攀登。

鹿蜀　旋龟

Lu shu　Xuan gui

南山经　Classic of the Southern Mountains

鹿蜀

旋龟

《南山经》：又东三百七十里，曰枢（音纽）阳之山，其阳多赤金，其阴多白金。有兽焉，其状如马而白首，其文如虎而赤尾，其音如谣，其名曰鹿蜀，佩之宜子孙。怪水出焉，而东流注于宪翼之水。其中多玄龟，其状如龟而鸟首虺（音毁）尾，其名曰旋龟，其音如判木，佩之不聋，可以为底。

再往东三百七十里，有座枢阳山。山南坡富藏赤金矿，北坡盛产白金矿。山里有一种叫鹿蜀的野兽，外形像马，头部是白色的，身上长着老虎一样的花纹，有一条红色的尾巴。它的叫声像歌谣一样动听，传说披上它的皮可以子孙兴旺。怪水发源于枢阳山，向东注入宪翼的水域，水里有很多大龟，外形像乌龟，却长着鸟一样的脑袋、蛇一样的尾巴。它名叫旋龟，它的叫声像劈开木头的声音，佩戴旋龟的壳，可以防抑耳聋，还可以治疗脚底的老茧。

鲑鱼

Lu yu

《南山经》：又东三百里，曰柢（音蒂）山，多水，无草木。有鱼焉，其状如牛，陵居，蛇尾有翼，其羽在魼（音邪）下，其音如留牛，其名曰鲑（音陆），冬死而夏生，食之无肿疾。

再往东三百里，有座柢山，山里水量丰富，但草木不生。山中有一种叫鲑的鱼，外形像牛，经常居住在山坡上。它有一条蛇一样的尾巴，生有一对翅膀，羽毛长在肋下。它的叫声像耕牛，冬眠，夏天苏醒。传说吃了它的肉，不得痈肿之病。

鲑鱼

辽版山海经图说　The Classic of Mountains and Seas (Liao Dynasty Edition)

类

类

《南山经》:又东四百里,曰亶(音缠)爰(音源)之山,多水,无草木,不可以上。有兽焉,其状如狸而有髦(音毛),其名曰类,自为牝(音聘)牡,食者不妒。

再往东四百里,有座亶爰山,山上水源丰沛,但草木不生,人很难爬上山去。山里有一种叫类的野兽,外形像狸猫,颈部长着较长的毛。类是雌雄同体的怪兽,传说吃了它的肉,不生嫉妒之心。

【注】:髦:指颈部的毛。

猼訑 𪁺�

Bo yi　Chang fu

《南山经》：又东三百里，曰基山，其阳多玉，其阴多怪木。有兽焉，其状如羊，九尾四耳，其目在背，其名曰猼訑（音博仪），佩之不畏。有鸟焉，其状如鸡而三首六目，六足三翼，其名曰𪁺𩀌（音厂夫），食之无卧。

再往东三百里，有一座基山，山南坡有玉矿，北坡长有很多怪木。山里有一种叫猼訑的怪兽，外形像羊，却有九条尾巴、四只耳朵，眼睛长在脊背上，传说披上它的皮，会变得英勇无畏。山里还有一种叫𪁺𩀌的鸟，外形像鸡，却长了三个脑袋、六只眼睛、六只脚、三只翅膀，相传吃了它的肉，会精神抖擞、睡眠减少。

猼訑

𪁺𩀌

赤鱬

Chi ru

《南山经》：又东三百里，曰青丘之山，其阳多玉，其阴多青䨼（音卧）。有鸟焉，其状如鸠，其音若呵，名曰灌灌，佩之不惑。英水出焉，南流注入即翼之泽。其中多赤鱬（音如），其状如鱼而人面，其音如鸳鸯，食之不疥。

再往东三百里，有一座青丘山，山南坡有很多玉石，北坡则盛产青䨼等矿物颜料。山里还有一种叫灌灌的鸟，外形像斑鸠，叫声像是有人在呵斥。相传戴上它的羽毛可以明辨是非，减少困惑。英水发源于青丘山上，向南注入即翼洼地的水泽里。水里有很多赤鱬，它的外形像鱼却长了一张人的面孔，叫声像鸳鸯，传说吃了它的肉，不长疥疮。

赤鱬

鸟身龙首神

Niao shen long shou shen

《南山经》：凡鹊山之首，自招摇之山以至箕尾之山，凡十山，二千九百五十里。其神状皆鸟身而龙首。其祠之礼：毛用一璋玉瘗（音义），糈（音许）用稌（音图）米，一璧，稻米，白菅（音监）为席。

鹊山山脉，从招摇山到箕尾山，一共十座山，绵延二千九百五十里，每一座山的山神都长着鸟的身子、龙的脑袋。祭祀山神的仪式：把鸡鸭和一块玉璋一起埋到地下，祭神的粮食用上好的稻米，再用白茅草铺在地上作为山神的座席。

【注】：鸟身龙首神也称鹊神、南山神。

鸟身龙首神

狸力 鴸

Li li Zhu

《南次二经》：南次二山之首，曰柜（音举）山，西临流黄，北望诸毗（音皮），东望长右。英水出焉，西南流注于赤水，其中多白玉，多丹粟。有兽焉，其状如豚，有距，其音如狗吠，其名曰狸力，见则其县多土功。有鸟焉，其状如鸱（音吃）而人手，其音如痹（音皮），其名曰鴸（音朱），其名自号也，见则其县多放士。

南方第二列山系的第一座山，叫柜山，它的西面临近流黄国，北面眺望诸毗，东面能看到长右山。英水发源于柜山，向西南流入赤水，水里有很多白玉和细碎的朱砂。柜山上有一种叫狸力的野兽，外形像小猪，脚长得像鸡爪，还带有后爪，叫声听上去像狗叫。它一出现，到处刨土，像在大兴土木一样。柜山上还有一种叫鴸的鸟，外形像鹞鹰，却长着像人手一样的爪，它的叫声像鴸，听上去像在叫它自己的名字。鴸鸟出现的地方，有很多人会被流放。

狸力

鴸

长右

Chang you

长右

《南次二经》：东南四百五十里，曰长右之山，无草木，多水。有兽焉，其状如禺而四耳，其名长右，其音如吟，见则郡县大水。

再往东南四百五十里，有座长右山，山上不长草木，但水源丰富。有一种叫长右的野兽，外形像猴子，却长了四只耳朵。它的叫声像有人在呻吟，它一出现，当地就会洪水泛滥。

猾裹

Hua huai

南山经 Classic of the Southern Mountains

猾裹

《南次二经》：又东三百四十里，曰尧光之山，其阳多玉，其阴多金。有兽焉，其状如人而彘（音质）鬣（音列），穴居而冬蛰，其名曰猾裹（音淮），其音如斫（音卓）木，见则县有大繇（音尧）。

再往东三百四十里，有座尧光山。山南坡有很多玉，北坡盛产黄金。山里有一种叫猾裹的野兽，外形像人，但身上长有猪一样的鬣毛。它住在山洞里，冬眠。猾裹的叫声像劈砍木头时发出的声音，它出现的地方会有徭役发生。

龙身鸟首神

Long shen niao shou shen

《南次二经》：凡南次二山之首，自柜山至于漆吴之山，凡十七山，七千二百里。其神状皆龙身而鸟首。其祠：毛用一璧瘗，糈用稌。

南方第二列山系的第一座山，从柜山到漆吴山，一共十七座山，绵延七千二百里。每一座山的山神，都长着龙的身子、鸟的脑袋。祭祀山神的仪式：把带毛的牲畜和一块璧一起埋在地下，供奉给山神的粮食用稻米。

龙身鸟首神

𤟤

Huan

𤟤

《南次二经》：又东四百里，曰洵山，其阳多金，其阴多玉。有兽焉，其状如羊而无口，不可杀也，其名曰𤟤（音幻）。

再往东四百里，有一座洵山，山的南坡蕴藏丰富的金矿，北坡盛产玉矿。山里有一种叫𤟤的野兽，外形像羊但是没有嘴巴，不吃食物也不会饿死。

蛊雕

Gu diao

南山经 Classic of the Southern Mountains

蛊雕

《南次二经》：又东五百里，曰鹿吴之山，上无草木，多金石。泽更之水出焉，而南流注于滂水。水有兽焉，名曰蛊雕，其状如雕而有角，其音如婴儿之音，是食人。

再往东五百里，有座鹿吴山，山上草木不生，有蕴藏量丰富的金矿石。泽更水发源于这座山，向南流入滂水。水里有一种叫蛊雕的怪兽，形状像雕却长了角，它的叫声像婴儿在啼哭，会吃人。

犀 兕 瞿如 虎蛟

Xi Si Qu ru Hu jiao

犀

《南次三经》：东五百里，曰祷过之山，其上多金、玉，其下多犀、兕（音四），多象。有鸟焉，其状如䴔而白首，三足、人面，其名曰瞿如，其鸣自号也。泿（音银）水出焉，而南流注于海。其中有虎蛟，其状鱼身而蛇尾，其音如鸳鸯，食者不肿，可以已痔。

往东五百里，有座祷过山，山上有很多金矿和玉石，山下有很多犀牛、兕和象。有一种叫瞿如的鸟，长得像䴔鸟，但是长着人的面孔，鸟头是白色的，有三只脚，它叫起来像在呼唤自己的名字。泿水发源于此地，向南流入大海。水中有虎蛟，长着鱼的身子和蛇一样的尾巴，叫声像鸳鸯。传说吃了它的肉，不生毒疮，还可以治疗痔疮。

瞿如

兕

虎蛟

凤皇

Feng huang

南山经 Classic of the Southern Mountains

《南次三经》：又东五百里，曰丹穴之山，其上多金、玉。丹水出焉，而南流注于渤海。有鸟焉，其状如鸡，五采而文，名曰凤皇，首文曰德，翼文曰义，背文曰礼，膺（音英）文曰仁，腹文曰信。是鸟也，饮食自然，自歌自舞，见则天下安宁。

再往东五百里，有座丹穴山，山上有很多金矿和玉石。丹水发源于这里，向南注入渤海。有一种叫凤皇的鸟，外形像鸡，长着五彩斑斓的羽毛。它头上的花纹看上去像个"德"字，翅膀上的花纹像"义"字，背上的花纹像"礼"字，胸前的花纹像"仁"字，腹部的花纹像"信"字。这种鸟，吃东西的时候悠闲从容，鸣叫、舞蹈的时候自由自在。它一出现，预示着天下祥和、百姓安宁。

鱄鱼

Tuan yu

鱄鱼

《南次三经》：又东五百里，曰鸡山，其上多金，其下多丹雘。黑水出焉，而南流注于海。其中有鱄（音团）鱼，其状如鲋（音父）而彘（音志）毛，其音如豚，见则天下大旱。

再往东五百里，有座鸡山，山上盛产金矿，山下有很多丹雘矿石。黑水发源于这里，南流注入大海。水中有一种鱄鱼，外形像鲋鱼，却长着野猪一样的硬毛。它的叫声像小猪。它一出现，天下大旱。

颙

Yu

南山经 Classic of the Southern Mountains

颙

《南次三经》：又东四百里，曰令丘之山，无草木，多火。其南有谷焉，曰中谷，条风自是出。有鸟焉，其状如枭，人面四目而有耳，其名曰颙（音余），其鸣自号也，见则天下大旱。

　　再往东四百里，有座令丘山，山上没有草木，到处有山火在燃烧。山的南边有一个叫中谷的山谷，东北风从这里吹出来。山里有一种叫颙的鸟，外形像猫头鹰，却长着人一样的面孔和耳朵，有四只眼睛。它的叫声像在呼唤自己的名字。它一出现，必有旱灾。

龙身人面神

Long shen ren mian shen

《南次三经》：凡南次三山之首，自天虞之山以至南禺之山，凡一十四山，六千五百三十里。其神皆龙身而人面。其祠皆一白狗祈，糈用稌。

南方第三列山系，从天虞山到南禺山，一共是十四座山，绵延六千五百三十里。这些山的山神都是龙身人面的样子。祭祀的时候都要献上一条白狗，然后向山神祈祷，祭祀用的粮食是稻米。

龙身人面神

The Classic of Mountains and Seas (Liao Dynasty Edition)

Volume 2

Classic of the Western Mountains

第二卷 西山经

羬羊

Qian yang

《西山经》：西山华山之首，曰钱来之山，其上多松，其下多洗石。有兽焉，其状如羊而马尾，名曰羬（音前）羊，其脂可以已腊。

西边华山系的第一座山，叫钱来山，山上有茂密的松树，山下有很多洗石。山里有一种叫羬羊的野兽，外形像羊，却长着一条马一样的尾巴，它的油脂可以用来治疗皮肤龟裂。

羬羊

肥螝

Fei wei

《西山经》：又西六十里，曰太华之山，削成而四方，其高五千仞，其广十里，鸟兽莫居。有蛇焉，名曰肥螝（音卫），六足四翼，见则天下大旱。

再往西六十里，有座太华山，山势陡峭得如同刀削一样。整个山体呈四方形，高五千仞，方圆十里地，鸟兽无法在此栖息。山里有一种叫肥螝的蛇，长了六只脚、四只翅膀。它一出现，天下就闹旱灾。

肥螝

赤鷩

Chi bi

《西山经》：又西八十里，曰小华之山，其木多荆、杞，其兽多柞（音昨）牛，其阴多磬石，其阳多㻬（音突）琈（音浮）之玉。鸟多赤鷩（音毕），可以御火。

再往西八十里，有座小华山，山上长着密密麻麻的荆棘，还有枸杞一类的灌木。山里有很多叫柞牛的野兽。山的北面有磬石，南面有很多㻬琈玉。鸟类以赤鷩鸟居多，相传它可以防火。

【注】：柞牛是一种体型巨大的牛，可重达千斤。
郭璞注：赤鷩，山鸡之属，胸腹洞赤，冠金，背黄，头绿，尾中有赤，毛彩鲜明。

赤鷩

葱聋 鴢鸟

Cong long Min niao

西山经 Classic of the Western Mountains

《西山经》：又西八十里，曰符禺之山，其阳多铜，其阴多铁。其上有木焉，名曰文茎，其实如枣，可以已聋。其草多条，其状如葵，而赤华黄实，如婴儿舌，食之使人不惑。符禺之水出焉，而北流注于渭。其兽多葱聋，其状如羊而赤鬣（音列）。其鸟多鴢（音民），其状如翠而赤喙，可以御火。

再往西八十里，有座符禺山，山的南面有很多铜矿，北面多铁矿。山里有一种叫文茎的植物，果实像枣，可以治疗耳聋。山里的草多是条草，形状像葵花一样散开，开红色的花，果实是黄色的，形状像婴儿的舌头，吃了它可以解除人的迷惑。符禺水发源于此，向北注入渭河。山里有一种叫葱聋的野兽，外形像羊，却长一撮红色的胡子。山里的鸟类以鴢鸟居多，形状像翠鸟，嘴巴是红色的，相传可以用它防火。

葱聋

鴢鸟

鲜鱼

鮨鱼

Bang yu

西山经 Classic of the Western Mountains

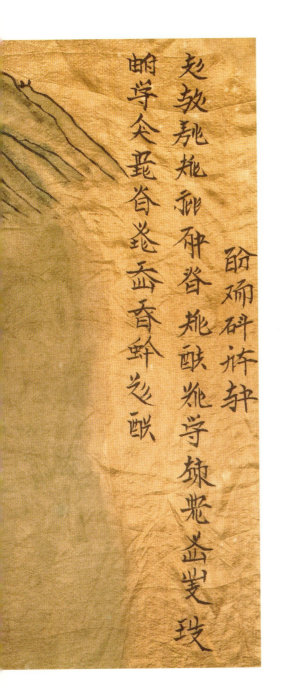

《西山经》：又西七十里，曰英山，其上多杻、橿（音江），其阴多铁，其阳多赤金。禺水出焉，北流注于招（音勺）水，其中多䱱（音棒）鱼，其状如鳖，其音如羊。

再往西七十里，有座英山，山上有很多杻树和橿树，山的北坡有丰富的铁矿，南坡有丰富的赤金矿。禺水发源于这里，向北注入招水，水里有很多䱱鱼，外形长得像鳖，叫声跟羊的叫声相似。

豪彘

Hao zhi

《西山经》：又西五十二里，曰竹山，其上多乔木，其阴多铁。有草焉，其名曰黄雚（音贯），其状如樗（音出），其叶如麻，白花而赤实，其状如赭（音者），浴之已疥，又可以已胕（音浮）。竹水出焉，北流注于渭，其阳多竹、箭，多苍玉。丹水出焉，东南流注于洛水，其中多水玉，多人鱼。有兽焉，其状如豚而白毛，大如笄（音机）而黑端，名曰豪彘。

再往西五十二里，有座竹山，山上有茂密的乔木，山的北坡有丰富的铁矿。山里有一种叫黄雚的草，形状像臭椿树，叶子像亚麻的叶子，开白色的花，红色的果实像赭石的染料一样红。用它洗澡，可以治疗疥疮，还可以消除浮肿。竹水发源于这里，向北注入渭水，向阳面有竹林，多产苍玉。丹水从这里发源，向东南流入洛水，水中有很多水晶，还有很多人鱼。山里有一种叫豪彘的野兽，外形像小猪，身上粗实的白毛像妇女插在头上的发簪，毛的顶端是黑色的。

豪彘

嚻 橐𪄀

Xiao Tuo fei

西山经 Classic of the Western Mountains

嚻

橐𪄀

《西山经》：又西七十里，曰羭（音鱼）次之山，漆水出焉，北流注于渭。其上多棫（音玉）、橿，其下多竹、箭，其阴多赤铜，其阳多婴垣（音元）之玉。有兽焉，其状如禺而长臂，善投，其名曰嚻（音消）。有鸟焉，其状如枭，人面而一足，曰橐（音驼）𪄀（音肥），冬见夏蛰，服之不畏雷。

　　再往西七十里，有座羭次山，漆水发源于此，向北注入渭水。山上有很多棫树和橿树，山下有茂密的小竹林。山的北坡有丰富的赤铜矿，南坡有很多婴垣玉石。山里有一种叫嚻的野兽，外形像猕猴，但手臂很长，擅长投掷东西。山上还有一种叫橐𪄀的鸟，长得像猫头鹰，有一张人的面孔，却只长有一只脚。这种鸟冬天出来活动，夏天隐居起来，传说佩戴它的羽毛，就不怕雷电袭击。

猛豹

Meng bao

《西山经》：又西百七十里，曰南山，上多丹粟。丹水出焉，北流注于渭。兽多猛豹，鸟多尸鸠。

再往西一百七十里，有座山叫南山，山上有很多朱砂。丹水发源于这里，向北流入渭水。山中的兽类以猛豹居多，鸟类则以尸鸠（今布谷鸟）居多。

猛豹

谿边

《西山经》：又西三百五十里，曰天帝之山，上多棕、楠，下多菅、蕙。有兽焉，其状如狗，名曰谿（音溪）边，席其皮者不蛊。

再往西三百五十里，有座天帝山，山上有很多棕树和楠树，山下长了很多白茅草和蕙草。山里有一种叫谿边的野兽，外形长得像狗，用它的皮做褥席，可以预防风寒侵体。

谿边

獓如　数斯

Ying ru　Shu si

《西山经》：西南三百八十里，曰皋涂之山，蔷水出焉，西流注于诸资之水；涂水出焉，南流注于集获之水。其阳多丹粟，其阴多银、黄金，其上多桂木。有白石焉，其名曰礜（音玉），可以毒鼠。有草焉，其状如藁（音稿）茇（音拔），其叶如葵而赤背，名曰无条，可以毒鼠。有兽焉，其状如鹿而白尾，马足人手而四角，名曰獓（音英）如。有鸟焉，其状如鸱而人足，名曰数斯，食之已瘿。

往西三百八十里，有座皋涂山，蔷水发源于这里，向西流入一片积水的洼地。山的南坡有很朱砂矿，北坡有丰富的银矿和金矿，山上有茂密的桂树。山里有一种叫礜的白石，可以用来毒杀老鼠；还有一种叫无条的野草，形状像藁茇，叶子像冬葵，但背面是红色的，也可以用来毒杀老鼠。山里有一种叫獓如的野兽，外形像鹿，有白色的尾巴，后脚像马蹄而前脚像人的手，头上有四只角。另有一种叫数斯的鸟，外形像鹞鹰，却长了一双人一样的脚，传说吃了它的肉，可以治疗大脖子病。

獓如

辽版山海经图说 The Classic of Mountains and Seas (Liao Dynasty Edition)

䢼

羬

Min

西山经 Classic of the Western Mountains

《西山经》：又西百八十里，曰黄山，无草木，多竹、箭。盼水出焉，西流注于赤水，其中多玉。有兽焉，其状如牛，而苍黑大目，其名曰䍺。

继续向西一百八十里是黄山，没有草木，多竹子和箭竹，盼水从这里发源，向西流入赤水，其中很多玉石矿，黄山上有一种怪兽，外形长得像牛，身体发黑，眼睛很大，名字叫䍺。

羚
鸓

Ling
Lei

羚

鸓

《西山经》：又西二百里，曰翠山，其上多棕、楠，其下多竹、箭，其阳多黄金、玉，其阴多旄牛、羚、麝（音射）；其鸟多鸓（音磊），其状如鹊，赤黑而两首四足，可以御火。

再往西二百里，有座翠山，山上有很多棕树和楠树，山下有茂密的竹子和箭竹。山的南坡有丰富的金矿和玉矿，北坡则生活着很多牦牛、羚羊和香獐；山里有很多叫鸓的鸟，外形像山鹊，有红黑两色的羽毛，长了两个脑袋、四只脚，它可以避火。

虎 豹

Hu Bao

西山经 Classic of the Western Mountains

虎

《西次二经》：西南三百里，曰女床之山，其阳多赤铜，其阴多石涅，其兽多虎、豹、犀、兕。有鸟焉，其状如翟（音敌）而五采文，名曰鸾鸟，见则天下安宁。

往西南三百里，有座女床山，山的南坡有丰富的赤铜矿，北坡盛产石墨。这里的野兽大多是虎、豹、犀、兕一类的动物。山中有一种鸾鸟，外形像山鸡，有五彩斑斓的羽毛，它一出现，预示着天下太平。

豹

凫徯

Fu xi

凫徯

《西次二经》：又西二百里，曰鹿台之山，其上多白玉，其下多银，其兽多㸲牛、羬羊、白豪。有鸟焉，其状如雄鸡而人面，名曰凫（音伏）徯（音西），其鸣自叫也，见则有兵。

再往西二百里，有座鹿台山，山上有丰富的玉矿，山下有银矿。山里有很多㸲牛、羬羊、白豪等野兽。还有一种叫凫徯的鸟，外形像公鸡，却长着一张人的面孔，它的叫声像是在呼喊自己的名字，见到它，预示着战争。

朱厌

Zhu yan

西山经 Classic of the Western Mountains

朱厌

《西次二经》：又西四百里，曰小次之山，其上多白玉，其下多赤铜。有兽焉，其状如猿，而白首赤足，名曰朱厌，见则大兵。

再往西四百里，有座小次山，山上有很多白玉，山下有赤铜矿。山里有一种叫朱厌的野兽，外形像猿猴，头部是白色，双脚是红色，它一出现会有战乱。

麋鹿

Mi Lu

《西次二经》：又西三百五十里，曰西皇之山，其阳多金，其阴多铁，其兽多麋、鹿、柞牛。

再往西三百五十里，有座西皇山，山的南坡富藏金矿，北坡盛产铁矿。山里有很多麋、鹿、柞牛等野兽。

麋、鹿

人面马身神 人面牛身神

《西次二经》：凡西次二经之首，自钤山至于莱山，凡十七山，四千一百四十里。其十神者，皆人面而马身。其七神皆人面牛身，四足而一臂，操杖以行：是为飞兽之神；其祠之，毛用少牢，白菅为席。其十辈神者，其祠之，毛一雄鸡，钤而不糈，毛采。

从西次二经的首座山算起，从钤山一直到莱山，一共十七座山，绵延四千一百四十里，其中有十座山的山神都是人面马身的模样。另外七座山的山神都长着人面牛身，有四只脚、一个胳膊，它们借助拐杖行走如飞，号称兽中之神。祭祀山神的仪式：用猪和羊作为祭品，用白茅草作为给山神入席的坐垫。祭祀那十位山神的仪式：把一只有彩色羽毛的公鸡关起来就行了，不用额外准备祭祀用的稻米，鸡的毛色要杂。

人面马身神

人面牛身神

举父 蛮蛮

Ju fu Man man

《西次三经》：西次三山之首，曰崇吾之山，在河之南，北望冢遂，南望䍃之泽，西望帝之搏兽之丘，东望蝲（音烟）渊。有木焉，员叶而白柎（音夫），赤华而黑理，其实如枳，食之宜子孙。有兽焉，其状如禺而文臂，豹虎而善投，名曰举父。有鸟焉，其状如凫，而一翼一目，相得乃飞，名曰蛮蛮，见则天下大水。

西边三列山系的第一座山，叫崇吾山，在黄河的南面。往北可以看到冢遂山，往南可以看到䍃泽，往西可以看到黄帝曾经与猛兽搏斗的山丘，往东可以看到蝲渊。山中有一种树木，长着圆圆的叶子、白色的花萼，开出红色带黑纹的花朵，果实像枳，传说吃了它可以子孙兴旺。山里有一种叫举父的野兽，外形像猴子，手臂上有虎豹一样的花纹，擅长投掷东西。山里有一种叫蛮蛮的鸟，外形像水鸭，却只有一只翅膀和一只眼睛。两只蛮蛮必须互相配合才能飞起来，它们一出现，必有水灾。

【注】：蛮蛮就是比翼鸟。

举父　　　　　　　　　　　　　　蛮蛮

鼓 钦䲹

Gu Qinpi

《西次三经》：又西北四百二十里，曰钟山，其子曰鼓，其状如人面而龙身，是与钦䲹（音皮）杀葆江于昆仑之阳，帝乃戮之钟山之东曰崪崖。钦䲹化为大鹗，其状如雕而黑文白首，赤喙而虎爪，其音如晨鹄，见则有大兵；鼓亦化为鵕（音俊）鸟，其状如鸱，赤足而直喙，黄文而白首，其音如鹄，见则其邑大旱。

再往西北四百二十里，有座山叫钟山，钟山神的儿子叫鼓，长得人面而龙身。鼓曾经与钦䲹联手在昆仑山南坡将天神葆江杀死，黄帝一怒之下将它俩处死在钟山东面的崖。钦䲹死后化成一只大鱼鹰，外形像雕，有黑色带花的羽毛、白色的脑袋、红色的嘴巴，还长着像老虎一样的爪。它的叫声像天鹅在清晨的鸣叫，它一出现必有战事。鼓死以后，化作一只鸟，外形像鹞鹰，长着一双红色的脚，嘴巴又长又直，身披黄色带花的羽毛，头部是白色的。它的叫声像天鹅的鸣叫，它一出现，天下必有旱灾。

西山经 Classic of the Western Mountains

鼓

钦䲹

文鳐鱼

Wen yao yu

《西次三经》：又西百八十里，曰泰器之山。观水出焉，西流注于流沙。是多文鳐鱼，状如鲤鱼，鱼身而鸟翼，苍文而白首赤喙，常行西海，游于东海，以夜飞。其音如鸾鸡，其味酸甘，食之已狂，见则天下大穰（音瓤）。

　　再往西一百八十里，有座泰器山，观水发源于这里，向西流入流沙。水里有很多文鳐鱼，它们外形像鲤鱼，却长着鸟一样的翅膀。文鳐鱼的身上有灰白色的斑纹，它们的脑袋是白色的，嘴巴是红色的，经常在东海和西海之间来回巡游，夜间偶尔会飞出水面。文鳐鱼的叫声很像鸾鸡在叫，传说它的肉质味道酸甜，吃下去可以治疗癫狂。文鳐鱼现身，预示着当年会是一个丰收年。

文鳐鱼

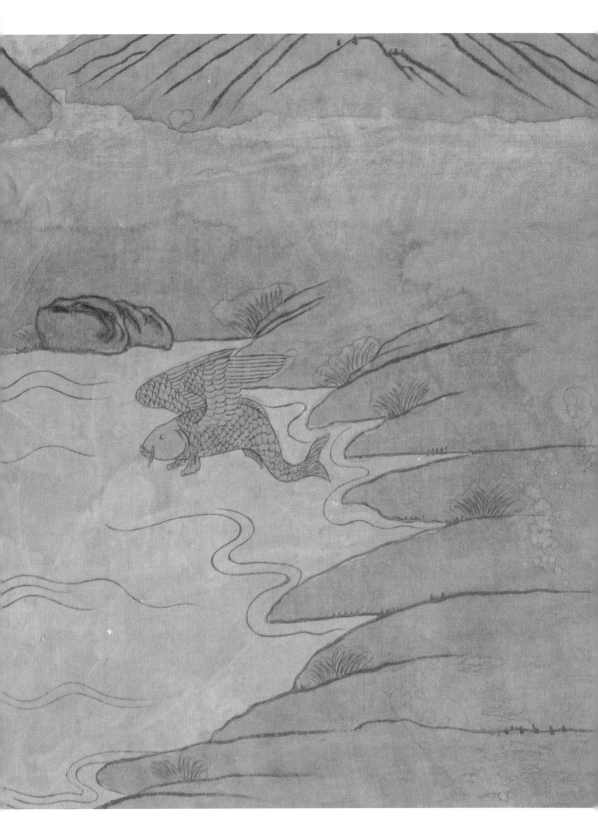

英招 槐鬼离仑 天神

Ying shao　Huai gui li lun　Tian shen

《西次三经》：又西三百二十里，曰槐江之山。丘时之水出焉，而北流注于泑水。其中多蠃（音罗）母，其上多青雄黄，多藏琅（音郎）玕（音甘）、黄金、玉，其阳多丹粟，其阴多采黄金、银。实惟帝之平圃，神英招司之，其状马身而人面，虎文而鸟翼，徇于四海，其音如榴。南望昆仑，其光熊熊，其气魂魂。西望大泽，后稷所潜也；其中多玉，其阴多榣（音尧）木之有若。北望诸毗，槐鬼离仑居之，鹰鹯（音沾）之所宅也。东望恒山四成，有穷鬼居之，各在一搏。爰有淫水，其清洛洛。有天神焉，其状如牛，而八足二首马尾，其音如勃皇，见则其邑有兵。

　　往西三百二十里，有座槐江山，丘时水发源于这里，向北流入泑水。水中有很多螺蛳，山上有丰富的青雄黄矿石，有很多美玉和黄金，山的南坡有朱砂矿，北坡有丰富的黄金和银矿。槐江山实际上是黄帝在下界的行宫，由天神英招负责看管。英招长着人的面孔、马的身子，身上有老虎一样的斑纹，还长了一对翅膀。它经常巡行四海，它发出榴榴的叫声，就像辘轳转动时的声音。从槐江山往南可以看到昆仑山，那里火光熊熊，烟雾缭绕；往西可以看见大泽，那里是曾经埋葬后稷的地方。山中有很多玉石，山的北坡生长了很多高大的榣木；从山上往北可以看到诸毗山，槐鬼离仑居住在那里，鹰和鹯也栖息在那里。往东可以看到由四座小山连成一体的恒山，山神穷鬼居住在山的四周。还有一条淫水，水质清澈。有一位天神，外形长得像牛，有八条腿、两个脑袋，长着一条马尾巴。天神的叫声像勃皇（即金龟子）的吼声，它一出现，当地会有战事发生。

【注】：离仑是传说中马身人面的怪兽。

英招

槐鬼离仑

天神

陆吾 土蝼

Lu wu Tu lou

《西次三经》：西南四百里，曰昆仑之丘，是惟帝之下都，神陆吾司之。其神状虎身而九尾，人面而虎爪；是神也，司天之九部及帝之囿时。有兽焉，其状如羊而四角，名曰土蝼，是食人。

　　往西南四百里，有座昆仑山，是天帝在下界的都邑，由天神陆吾负责掌管。陆吾的外形像老虎，有九条尾巴、一张人脸，长着老虎的爪子，它负责掌管天上九个部界和黄帝苑囿的节气与时令。昆仑山上还有一种叫土蝼的野兽，外形像羊，有四只角，会吃人。

陆吾

土蝼

西山经 Classic of the Western Mountains

鱊鱼

Hua yu

《西次三经》：又西三百七十里，曰乐游之山。桃水出焉，西流注于稷泽，是多白玉。其中多鱊（音华）鱼，其状如蛇而四足，是食鱼。

再往西三百七十里，有座乐游山。桃水发源于这里，向西流入稷泽。稷泽水里有很多白玉，还有数量众多的鱊鱼，它们的外形像蛇，有四只脚，以吃鱼为生。

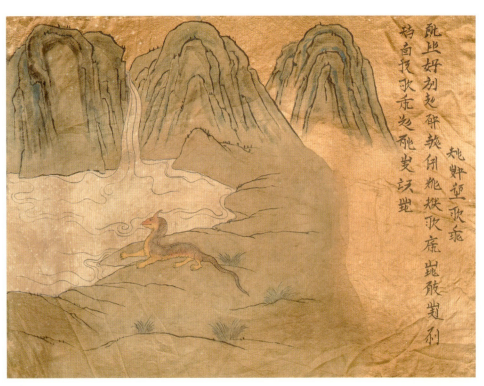

鱊鱼

长乘

《西次三经》：西水行四百里，曰流沙，二百里至于嬴母之山，神长乘司之，是天之九德也。其神状如人而犳（音卓）尾。其上多玉，其下多青石而无水。

沿水路往西走四百里，到一个叫流沙的地方；再走二百里，就到嬴母山，天神长乘负责管理九重天。它的外形像人，却长了一条犳的尾巴。嬴母山上有丰富的玉矿，山下有很多青石，但没有水。

长乘

狡 胜遇

Jiao Qing yu

《西次三经》：又西三百五十里，曰玉山，是西王母所居也。西王母其状如人，豹尾虎齿而善啸，蓬发戴胜，是司天之厉及五残。有兽焉，其状如犬而豹文，其角如牛，其名曰狡，其音如吠犬，见则其国大穰。有鸟焉，其状如翟而赤，名曰胜（音庆）遇，是食鱼，其音如录，见则其国大水。

再往西三百五十里，有座玉山，是西王母的居住地。西王母长得像人，但是长了豹尾和虎牙，经常长啸。她披头散发，头上戴有饰品，专门掌管天上的瘟疫和刑杀大权。玉山上有一种叫狡的野兽，外形像狗，身上有豹纹，长有牛一样的角，叫声像狗吠。它一出现，当地会有一个丰收的好年景。山上还有一种叫胜遇的鸟，外形像红色的山鸡，以鱼为食，它的叫声像鹿鸣。它一出现，当地会有水灾。

狡

胜遇

狰 毕方

Zheng Bifang

西山经 Classic of the Western Mountains

狰

毕方

《西次三经》：又西二百八十里，曰章莪（音俄）之山，无草木，多瑶碧。所为甚怪。有兽焉，其状如赤豹，五尾一角，其音如击石，其名曰狰。有鸟焉，其状如鹤，一足，赤文青质而白喙（音会），名曰毕方，其鸣自叫也，见则其邑有讹火。

再往西二百八十里，有座章莪山，山上不长草木，有很多美玉和碧玉，这里的东西都长得稀奇古怪的。有一种叫狰的野兽，外形像红色豹子，有五条尾巴、一只角，叫声像敲打石头发出的声音。还有一种叫毕方的鸟，外形像鹤，只有一只脚，青绿色的羽毛上有红色的斑纹，嘴巴是白色的。毕方的叫声像在呼叫自己的名字，它一出现，当地会有火灾发生。

天狗

Tian gou

天狗

《西次三经》：又西三百里，曰阴山。浊浴之水出焉，而南流注于蕃泽，其中多文贝。有兽焉，其状如狸而白首，名曰天狗，其音如榴榴，可以御凶。

再往西三百里，有座阴山。浊浴水发源于这里，向南流入蕃泽，蕃泽的水里有很多带花纹的贝壳。阴山上有一种叫天狗的野兽，外形像狸猫，头部是白色的，它的叫声很像猫叫，具有预警避害的作用。

江疑

Jiang yi

西山经 Classic of the Western Mountains

江疑

《西次三经》：又西二百里，曰符惕（音羊）之山，其上多棕、楠，多金、玉。神江疑居之。是山也，多怪雨，风云之所出也。

再往西二百里，有座符惕山，山上生长着茂密的棕树、楠树，山下有丰富的金矿、玉矿。天神江疑就住在山里。这座山，时常降落怪雨，风和云都从这里酝酿而起。

三青鸟 獓𠒫 鸱

San qing niao Ao ye Chi

三青鸟

《西次三经》：又西二百二十里，曰三危之山，三青鸟居之。是山也，广员百里。其上有兽焉，其状如牛，白身四角，其豪如披蓑（音缩），其名曰獓（音傲）𠒫（音叶），是食人。有鸟焉，一首而三身，其状如鸱（音落），其名曰鸱。

再往西二百二十里，有座三危山，是三青鸟栖息的地方。这座山，方圆数百里。山上有一种叫獓𠒫的野兽，外形像牛，身子呈白色，有四只角。它的毛密实得像蓑衣一般，这种怪兽会吃人。山里还有一种叫鸱的鸟，长着一个脑袋、三个身子，外形跟鸱鸟相似。

獓𤝔

䳅

帝江

Di jiang

《西次三经》：又西三百五十里，曰天山，多金、玉，有青雄黄。英水出焉，而西南流注于汤谷。有神焉，其状如黄囊，赤如丹火，六足四翼，浑敦无面目，是识歌舞，实惟帝江也。

再往西三百五十里，有座天山，山上蕴藏着丰富的金矿和玉矿，还有青雄黄矿石。英水发源于这里，向西南流入汤谷。天山上住着一位叫帝江的天神，它的外形像个黄色的大口袋，看上去像火焰一样红彤彤的。帝江长了六只脚、四只翅膀，面目模糊不清。但它精通歌舞，是传说中上古先民崇拜的歌舞之神。

帝江

讙 鵸鵌

《西次三经》：西水行百里，至于翼望之山，无草木，多金、玉。有兽焉，其状如狸，一目而三尾，名曰讙（音欢），其音如夺百声，是可以御凶，服之已瘅（音旦）。有鸟焉，其状如乌，三首六尾而善笑，名曰鵸（音奇）鵌（音余），服之使人不厌，又可以御凶。

沿水路往西一百多里，就到了翼望山，山上不长草木，有丰富的金矿和玉矿。山里有一种叫讙的野兽，外形像狸猫，只长了一只眼睛、三条尾巴。它的叫声像百种动物的大合唱，很有气势，可以用它来御险避凶。传说吃了它的肉，可以治疗黄疸。山里还有一种叫鵸鵌的鸟，长得像乌鸦，有三个脑袋、六条尾巴，它的叫声像是有人在大笑，相传吃了它的肉不做噩梦，还可以驱害避凶。

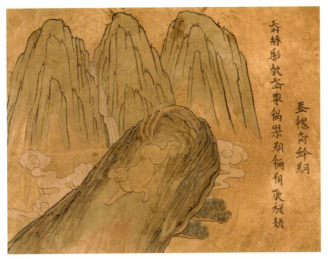

讙

鵸鵌

羊身人面神

Yang shen ren mian shen

羊身人面神

《西次三经》：凡西次三山之首，崇吾之山至于翼望之山，凡二十三山，六千七百四十四里。其神状皆羊身人面。其祠之礼，用一吉玉瘗（音义），糈用稷米。

从西边第三个山系的第一座山算起，从崇吾山一直到翼望山，一共二十三座山，绵延六千七百四十四里。这些山的山神都长着羊身人面。祭祀山神的仪式：把一块吉玉埋到地下，敬神的粮食用稷米。

当扈

Dang hu

西山经　Classic of the Western Mountains

当扈

《西次四经》：又北百二十里，曰上申之山，上无草木，而多硌（音落）石，下多榛、楛（音户），兽多白鹿。其鸟多当扈，其状如雉，以其髯（音然）飞，食之不眴（音炫）目。

再往北一百二十里，有座上申山，山上不长草木，却有很多大石头，山下有茂密的榛树和楛树，这里的野兽以白鹿居多。鸟类以当扈为多，一种长得像野鸡、可以凭借胡须飞行的鸟。传说吃了它的肉，就不头晕眼花。

神魕

Shen chi

神魕

《西次四经》：又西百二十里，曰刚山，多柒木，多㻬琈之玉。刚水出焉，北流注于渭。是多神魕（音赤），其状人面兽身，一足一手，其音如钦。

再往西一百二十里，有座刚山，山上有茂密的漆树，还有很多美玉。刚水发源于这里，向北流入渭水。山里有很多神魕，它们都长着人的面孔和野兽的身子，但是只有一只手和一只脚，叫声像是有人在呻吟。

《西次四经》：又西二百里，至刚山之尾，洛水出焉，而北流注于河。其中多蛮蛮，其状鼠身而鳖首，其音如吠犬。

再往西二百里，就到了刚山的末端。洛水发源于这里，向北流入黄河。河水中有很多蛮蛮，它们的身子像老鼠，头像鳖，叫声如同狗叫一样。

蛮蛮 Man man

西山经 Classic of the Western Mountains

蛮蛮

駮

Bo

《西次四经》：又西三百里，曰中曲之山，其阳多玉，其阴多雄黄、白玉及金。有兽焉，其状如马而白身黑尾，一角，虎牙爪，音如鼓音，其名曰駮（音伯），是食虎豹，可以御兵。

再往西三百里，有座中曲山，山的南坡有很多玉石，北坡蕴藏丰富的雄黄矿、白玉和金矿。山里有一种叫駮的野兽，长得像马，身子白色，尾巴黑色，头上有一只角。駮长着老虎一样的牙齿和爪子，它的叫声像敲鼓一样惊天动地，以虎豹为食，可以抵御敌兵。

駮

穷奇 蠃鱼

Qiong qi Luo yu

西山经 Classic of the Western Mountains

《西次四经》：又西二百六十里，曰邽（音归）山，其上有兽焉，其状如牛，猬毛，名曰穷奇，音如獆狗，是食人。濛水出焉，南流注于洋水，其中多黄贝，蠃（音裸）鱼，鱼身而鸟翼，音如鸳鸯，见则其邑大水。

再往西二百六十里，有座邽山，山上有一种叫穷奇的野兽，外形像牛，身上的毛像刺猬的豪一样坚硬。它的叫声像狗叫，会吃人。濛水发源于这里，向南流入洋水，水里有很多黄贝和蠃鱼。蠃鱼长着鱼一样的身子、鸟一样的翅膀，叫声像鸳鸯，它一出现，会有水灾。

穷奇

蠃鱼

絮魮

Ru pi

絮魮

《西次四经》：又西二百二十里，曰鸟鼠同穴之山，其上多白虎、白玉。渭水出焉，而东流注于河，其中多鰠（音骚）鱼，其状如鳣（音粘）鱼，动则其邑有大兵。滥（音见）水出于其西，西流注于汉水，多絮（音如）魮（音皮）之鱼，其状如覆铫（音尧），鸟首而鱼翼鱼尾，音如磬石之声，是生珠玉。

　　再往西二百二十里，有座山叫鸟鼠同穴山，山里有很多白虎和白玉。渭水发源于这里，向东流入黄河。渭水中有很多鳋鱼，长得很像鳝鱼，它一出现会就会有战争发生。滥水发源于山的西面，向西流入汉水，水里有很多絮魮鱼，外形像个倒扣的小铜锅。它长着鸟的脑袋、鱼鳍和鱼尾巴，叫声像敲打磬石一样清脆，传说它的体内可以长出珠玉。

孰湖　人面鸮

Shu hu　Ren mian xiao

西山经　Classic of the Western Mountains

《西次四经》：西南三百六十里，曰崦（音烟）嵫（音资）之山，其上多丹木，其叶如榖，其实大如瓜，赤符而黑理，食之已瘅，可以御火。其阳多龟，其阴多玉。苕水出焉，而西流注于海，其中多砥砺。有兽焉，其状马身而鸟翼，人面蛇尾，是好举人，名曰孰湖。有鸟焉，其状如鸮（音消）而人面，蜼（音胃）身犬尾，其名自号也，见则其邑大旱。

往西南三百六十里，有座崦嵫山，山上有茂密的丹树，它们的叶子像构树叶，果实像瓜一样大，红色的花萼带黑色的花纹。传说吃了它的果实，可以治疗黄疸，还可以用它防火。崦嵫山的南坡有很多龟，北坡有很多玉。苕水发源于此山，向西流入大海，水里有很多的磨刀石。山里有一种叫孰湖的野兽，长得像马，却有鸟一样的翅膀、人的面孔和蛇一样的尾巴，它喜欢把人举起来。山里有一种鸟叫人面鸮，外形像猫头鹰，长着人的面孔、猿猴一样的身子、狗一样的尾巴，它的叫声像在呼喊自己的名字，它一出现，当地就会有旱灾。

孰湖

人面鸮

The Classic of Mountains and Seas   (Liao Dynasty Edition)

Volume 3

Classic of the Northern Mountains

第三卷 北山经

水马

水马

Shui ma

北山经 Classic of the Northern Mountains

《北山经》：又北二百五十里，曰求如之山，其上多铜，其下多玉，无草木。滑水出焉，而西流注于诸毗之水。其中多滑鱼，其状如鳝（音善），赤背，其音如梧，食之已疣。其中多水马，其状如马，文臂牛尾，其音如呼。

再往北二百五十里，有座山叫求如山，山上有丰富的铜矿，山下多玉矿，不利于草木生长。滑水发源于这里，向西流入诸毗水。水里有很多滑鱼，外形像鳝鱼，有红色的脊背，叫声像有人弹奏琴瑟。传说吃了它的肉，可以治疗皮肤病。水中有很多水马出入，它们外形像马，前腿上有花纹，尾巴像牛尾，鸣叫起来像在呼唤自己的名字。

豲疏 鯈鱼

Huan shu
Tiao yu

《北山经》：又北三百里，曰带山，其上多玉，其下多青碧。有兽焉，其状如马，一角有错，其名曰豲（音欢）疏，可以辟火。有鸟焉，其状如乌，五采而赤文，名曰鹌鹑，是自为牝牡，食之不疽（音拘）。彭水出焉，而西流注于芘（音必）湖之水，其中多鯈（音条）鱼，其状如鸡而赤毛，三尾、六足、四首，其音如鹊，食之可以已忧。

再往北三百里，有座带山，山上有丰富的玉矿，山下有青石和碧玉。山里有一种叫豲疏的野兽，外形像马，独角上长有甲错，传说豲疏可以避火。山里还有一种雌雄同体的鸟，叫鹌鹑，外形像乌鸦，身上有五彩带红色斑纹的羽毛，相传吃了它的肉，不得痈疽。彭水发源于这里，向西流注入芘湖，水中有很多鯈鱼，外形像鸡，长着红色的羽毛，有三条尾巴、六只脚、四个脑袋。鯈鱼的叫声很像喜鹊，传说吃了它的肉可以忘记烦恼。

豲疏

鯈鱼

何罗鱼 孟槐

He luo yu　Meng huai

北山经　Classic of the Northern Mountains

《北山经》：又北四百里，曰谯明之山，谯水出焉，西流注于河。其中多何罗之鱼，一首而十身，其音如吠犬，食之已痈（音拥）。有兽焉，其状如貆（音环）而赤豪，其音如榴榴，名曰孟槐，可以御凶。

再往北四百里，有座谯明山，谯水发源于这里，向西流入黄河。水里有很多何罗鱼，长着一个脑袋、十个身子，叫声像狗在叫。传说吃了它的肉，可以治疗痈毒疮。山里还有一种叫孟槐的野兽，外形像豪猪，但毛色是红的，经常发出榴榴的叫声，可以起到预警、防凶的作用。

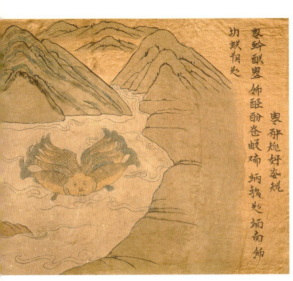

何罗鱼

孟槐

鳛鳛

Xi xi

《北山经》：又北三百五十里，曰涿光之山，嚣水出焉，而西流注于河。其中多鳛（音习）鳛之鱼，其状如鹊而十翼，鳞皆在羽端，其音如鹊，可以御火，食之不瘅。

再往北三百五十里，有座涿光山，嚣水发源于这里，向西流入黄河。水里有很多鳛鳛鱼，外形长得像喜鹊，却有十只翅膀，鳞片长在羽毛的顶端，它的叫声像喜鹊，可以预警防火，传说吃了它的肉不得黄疸。

鳛鳛

橐驼　寓鸟

《北山经》：又北三百八十里，曰虢（音国）山，其上多漆，其下多桐、椐，其阳多玉，其阴多铁。伊水出焉，西流注于河。其兽多橐（音陀）驼，其鸟多寓，状如鼠而鸟翼，其音如羊，可以御兵。

再往北三百八十里，有座虢山，山上有茂密的漆树，山下有很多桐树和椐树，山的南坡盛产玉矿，北坡富藏铁矿。伊水发源于这里，向西流入黄河。虢山里的野兽以骆驼居多，鸟类大多是寓鸟，它们外形像老鼠，却长着鸟的翅膀，叫声听上去像羊在叫，可以起到预警、防御兵灾的作用。

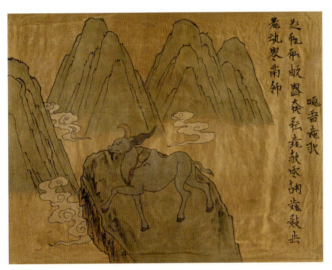

橐驼

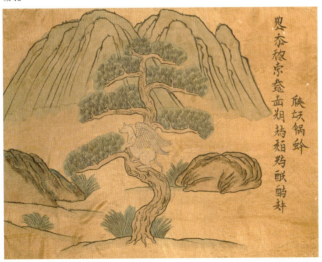

寓鸟

耳鼠

Er shu

《北山经》：又北二百里，曰丹熏之山，其上多樗、柏，其草多韭、薤（音谢），多丹雘。熏水出焉，而西流注于棠水。有兽焉，其状如鼠，而菟首麋身，其音如獆犬，以其尾飞，名曰耳鼠，食之不睬（音采），又可以御百毒。

再往北二百里，有座丹熏山，山上有茂密的臭椿树和柏树，山下的草本植物大多是韭菜和鸿荟等，山脚下有很多丹雘等矿物颜料。熏水发源于这里，向西流入棠水。山里有一种叫耳鼠的动物，外形像老鼠，长着兔子的脑袋和麋鹿的身子，会借助尾巴滑翔。它的叫声像狗吠，传说吃了它的肉不得大肚子病，还能百毒不侵。

耳鼠

孟极

Meng ji

《北山经》：又北二百八十里，曰石者之山，其上无草木，多瑶碧。泚水出焉，西流注于河。有兽焉，其状如豹，而文题白身，名曰孟极，是善伏，其鸣自呼。

再往北二百八十里，有座石者山，山上不长草木，盛产美玉和碧玉。泚水发源于这里，向西流入黄河。有一种叫孟极的野兽，外形像豹子，额头上有花纹，身体是白色的。孟极擅长潜伏躲藏，叫声像在呼唤自己的名字。

孟极

《北山经》：又北百一十里，曰边春之山，多葱、葵、韭、桃、李。杠水出焉，而西流注于泑泽。有兽焉，其状如禺而文身，善笑，见人则卧，名曰幽鴳（音厄），其鸣自呼。

再往北一百一十里，是边春山，山上生长了很多葱、葵、韭菜、桃树和李树。杠水发源于这里，向西流入泑泽。山里有一种叫幽鴳的野兽，外形像猕猴，但是身上有花纹，经常发出一种像笑声一样的声音。它一看到人就倒卧在地上，叫声像在呼唤自己的名字。

幽鴳

足訾
䳜

Zu zi
Jiao

《北山经》：又北二百里，曰蔓联之山，其上无草木。有兽焉，其状如禺而有鬣，牛尾、文臂、马蹄，见人则呼，其名足訾（音资），其鸣自呼。有鸟焉，群居而朋飞，其毛如雌雉，名曰䳜（音交），其鸣自呼，食之已风。

再往北二百里，有座蔓联山，山上不长草木。山里有一种叫足訾的野兽，外形像猕猴，脖子一圈长有长长的鬣毛。它长着牛一样的尾巴、带花纹的四肢和马的蹄子，一看到人就会受惊而嘶鸣，叫声像在呼喊自己的名字。山里还有一种鸟，喜欢成群结队地栖息在一起，又爱结伴而飞。它们的羽毛跟雌性山鸡的毛相似，它们的名字叫䳜，叫声像在呼喊自己的名字。传说吃了䳜的肉，可以治疗各种风病。

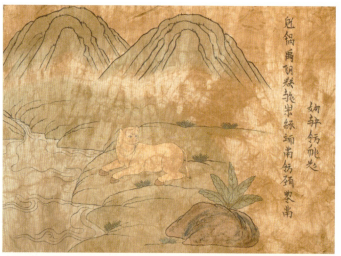

足訾

䳜

诸犍

《北山经》：又北百八十里，曰单张之山，其上无草木。有兽焉，其状豹而长尾，人首而牛耳，一目，名曰诸犍，善咤（音炸），行则衔其尾，居则蟠其尾。

再往北一百八十里，有座单张山，山上草木不生。山里有一种叫诸犍的野兽，长得像豹子，尾巴很长，长着人的脑袋、牛的耳朵，只有一只眼睛。诸犍经常咆哮，行走时喜欢叼着自己的尾巴。不走动的时候，就把尾巴盘起来。

诸犍

竦斯

竦斯

Song si

北山经 Classic of the Northern Mountains

《北山经》：又北三百二十里，曰灌题之山，其上多樗、柘，其下多流沙，多砥。有兽焉，其状如牛而白尾，其音如訆（音叫），名曰那父。有鸟焉，其状如雌雉而人面，见人则跃，名曰竦（音耸）斯，其鸣自呼也。

再往北三百二十里，有座灌题山，山上有茂密的臭椿树和柘树，山下有很多流沙，还有磨刀石。有一种叫那父的野兽，长得像牛，有白色的尾巴，它的叫声像有人在大喊大叫。山里还有一种叫竦斯的鸟，长得像雌性的山鸡，却有一张人一样的面孔，它一看到人就不停地跳跃，叫声像在呼唤自己的名字。

长蛇

Chang she

《北山经》：北二百八十里，曰大咸之山，无草木，其下多玉。是山也，四方，不可以上。有蛇名曰长蛇，其毛如彘豪，其音如鼓柝（音拓）。

往北二百八十里，有座大咸山，山上不长草木，山下有很多玉石。这座山呈四方形，人很难爬上去。山里有一种蛇，叫长蛇，身上的毛张开，看上去像猪毛一样。它的叫声像敲打梆子的声音。

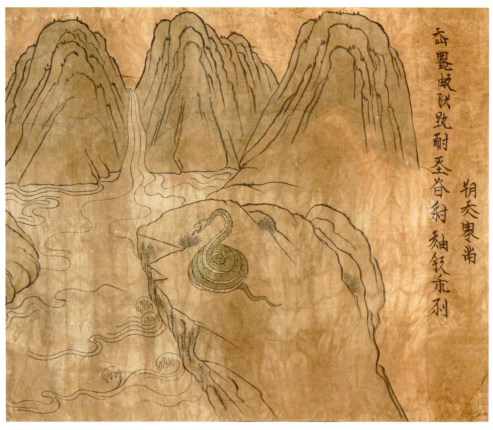

长蛇

窫窳

《北山经》：又北二百里，曰少咸之山，无草木，多青碧。有兽焉，其状如牛，而赤身、人面、马足，名曰窫（音亚）窳（音雨），其音如婴儿，是食人。敦水出焉，东流注于雁门之水，其中多䱱（音背）䱱之鱼，食之杀人。

再往北二百里，有座少咸山，山上不生草木，有很多青石和碧玉。山里有一种叫窫窳的野兽，长得像牛，身子是红色的。窫窳长着人的面孔、马的蹄子，叫声像是婴儿的啼哭声，它会吃人。敦水发源于这里，向东流入雁门的水域。水里有很多䱱䱱鱼，人若吃了它会中毒而死。

窫窳

鱳鱼 山㹨

Zao yu
Shan hui

鱳鱼

山㹨

《北山经》：又北二百里，曰狱法之山。瀤（音淮）泽之水出焉，而东北流注于泰泽。其中多鱳（音早）鱼，其状如鲤而鸡足，食之已疣。有兽焉，其状如犬而人面，善投，见人则笑，其名山㹨（音辉），其行如风，见则天下大风。

　　再往北二百里，有座狱法山。瀤泽水发源于这里，向东北流入泰泽。水里有很多鱳鱼，长得像鲤鱼，却长着鸡的爪子，吃了它的肉可以治愈赘疣等皮肤病。山里还有一种叫山㹨的野兽，外形像狗，却长了一张人的面孔，擅长投掷，见到人会发出笑声。山㹨行动敏捷，快如疾风，它一出现，当地就起大风。

鮨鱼

Yi yu

北山经 Classic of the Northern Mountains

鮨鱼

《北山经》：又北二百里，曰北岳之山，多枳、棘、刚木。有兽焉，其状如牛，而四角、人目、彘耳，其名曰诸怀，其音如鸣雁，是食人。诸怀之水出焉，而西流注于嚣水，其中多鮨（音义）鱼，鱼身而犬首，其音如婴儿，食之已狂。

再往北二百里，有座北岳山，山上有茂密的枳树、酸枣树和柘树等。有一种叫诸怀的野兽，外形像牛，却有四只角、人的眼睛和猪一样的耳朵，它的叫声像大雁的鸣叫，会吃人。诸怀水发源于这里，向西流入嚣水，水里有很多鮨鱼，这种鱼长着鱼的身子、狗的脑袋，它的叫声像婴儿在啼哭，传说吃了它的肉，可以治疗癫狂。

狍 龙龟

Yao Long gui

《北山经》：又北百七十里，曰堤山，多马。有兽焉，其状如豹而文首，名曰狍（音舀）。堤水出焉，而东流注于泰泽，其中多龙龟。

再往北一百七十里，有座山叫堤山，山里有很多马。山里还有一种叫狍的野兽，长得像豹子，脑门上有花纹。堤水发源于这里，向东流入泰泽，水里有很多龙龟。

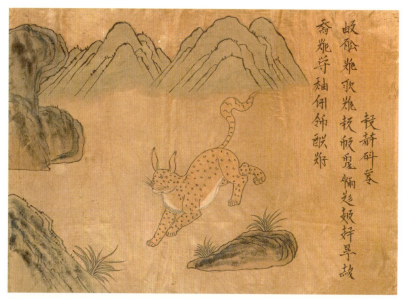

狍

龙龟

《北次二经》：又北五十里，曰县雍之山，其上多玉，其下多铜，其兽多闾（音驴）、麋，其鸟多白翟、白䳑（音有）。

再往北五十里，有座县雍山，山上有很多玉石，山下多产铜。山里有很多山驴、麋鹿等野兽，鸟类以白翟、白䳑居多。

闾

駮马

Bo ma

駮马

《北次二经》：又北三百五十里，曰敦头之山，其上多金、玉，无草木。旄水出焉，而东流注于邛泽。其中多駮（音博）马，牛尾而白身，一角，其音如呼。

再往北三百五十里，有座敦头山，山上有很丰富的金矿和玉矿，但是没有草木。旄水发源于这里，向东流入邛泽。水里有很多駮马，全身白色，头上有一只角，长着一条牛尾巴。它的叫声像是有人在大声呼叫。

狍鸮

Pao xiao

北山经 Classic of the Northern Mountains

狍鸮

《北次二经》：又北三百五十里，曰钩吾之山，其上多玉，其下多铜。有兽焉，其状如羊身人面，其目在腋下，虎齿人爪，其音如婴儿，名曰狍（音袍）鸮（音消），是食人。

再往北三百五十里，有座钩吾山，山上有很多玉石，山下多产铜。有一种叫狍鸮的野兽，长着羊的身子、人的面孔，眼睛长在腋下，它长着老虎的牙齿、人的手掌，叫声像婴儿的啼哭声，传说狍鸮吃人。

099

独狢 鶐鵑

《北次二经》：又北三百里，曰北嚻之山，无石，其阳多碧，其阴多玉。有兽焉，其状如虎，而白身犬首，马尾彘鬣，名曰独狢（音玉）。有鸟焉，其状如乌，人面，名曰鶐（音盘）鵑（音冒），宵飞而昼伏，食之已暍（音耶）。

再往北三百里，有座北嚻山，山上没有石头。山的南坡盛产碧玉，北坡有很多玉石。有一种叫独狢的野兽，外形像老虎，全身白色，脑袋像狗头，长着马的尾巴，脖子上的毛像猪毛。山里还有一种叫鶐鵑的鸟，外形长得像乌鸦，有一张人的面孔。它白天躲起来休息，夜晚出来活动。传说吃了它的肉，可以治疗热病。

独狢

鶐鵑

居暨　嚻

Ju ji　Xiao

居暨

嚻

《北次二经》：又北三百五十里，曰梁渠之山，无草木，多金、玉。脩水出焉，而东流注入雁门，其兽多居暨，其状如彙（音会）而赤毛，其音如豚。有鸟焉，其状如夸父，四翼、一目、犬尾，名曰嚻，其音如鹊，食之已腹痛，可以止衕（音洞）。

再往北三百五十里，有座梁渠山，山上不长草木，盛产金矿和玉矿。脩水发源于这里，向东流入雁门水，山里有很多叫居暨的野兽，长得像红毛的刺猬，它们的叫声像小猪。还有一种叫嚻的鸟，外形像夸父（一种猴子），有四只翅膀、一只眼睛和狗一样的尾巴。它的叫声像山鹊，传说吃了它的肉，可以治疗腹痛和腹泻。

蛇身人面神

《北次二经》：凡北次二山之首，自管涔之山至于敦题之山，凡十七山，五千六百九十里。其神皆蛇身人面。其祠：毛用一雄鸡彘瘗；用一璧一珪，投而不糈。

从北方的第一座山算起，从管涔山一直到敦题山，一共十七座山，绵延五千六百九十里。这些山的山神都长着蛇的身形和人的面孔。祭祀山神时，从带毛的动物里选一只公鸡和一头猪，把它们杀死后一起埋到地下；再把一个玉璧和一个玉珪，祭完山神后投进山涧，整个祭祀活动不需要用精米。

蛇身人面神

騨䳇

Hui Fen

北山经 Classic of the Northern Mountains

《北次三经》：北次三山之首，曰太行之山。其首曰归山，其上有金、玉，其下有碧。有兽焉，其状如羚羊而四角，马尾而有距，其名曰騨（音灰），善还（音旋），其名自訆（音叫）。有鸟焉，其状如鹊，白身、赤尾、六足，其名曰䳇（音汾），是善惊，其鸣自訆。

　　北方的第一个山系，叫太行山。太行山脉的第一座山叫归山。归山上有金属矿和玉矿，山下出产碧玉。山里有一种叫騨的野兽，长得像羚羊，有四只角，尾巴像马尾，蹄子上有足趾。它擅长转圈，叫声像在呼唤自己。山里还有一种叫䳇的鸟，外形像喜鹊，身子白色，尾巴红色，有六只脚。这种鸟很容易受到惊吓，叫声像在呼唤自己的名字。

騨

䳇

天马

Tian ma

《北次三经》：又东北二百里，曰马成之山，其上多文石，其阴多金、玉。有兽焉，其状如白犬而黑头，见人则飞，其名曰天马，其鸣自訆。有鸟焉，其状如乌，首白而身青、足黄，是名曰鶌（音屈）鶋（音居），其鸣自詨，食之不饥，可以已寓。

再往东北二百里，有座马成山，山上出产带花纹的矿石，山的阴面盛产金属矿和玉矿。有一种叫天马的野兽，外形像白色的狗，头部是黑色的，它一看见人就飞走了，其叫声就像在呼唤自己。山里还有一种叫鶌鶋的鸟，长得像乌鸦，脑袋是白色，身上是青黑色，脚是黄色。传说吃了它的肉能抵抗饥饿，还可以治疗赘疣。

天马

人鱼

Ren yu

《北次三经》：又东北二百里，曰龙侯之山，无草木，多金、玉。决决之水出焉，而东流注于河。其中多人鱼，其状如鲵（音提）鱼，四足，其音如婴儿，食之无痴疾。

往东北二百里，有座龙侯山，山上不生长任何植物，盛产金矿、玉矿。决决之水发源于这里，向东流入黄河。河里有很多人鱼，它们的外形长得像鲵鱼，有四只脚，发出的声音像婴儿啼哭，传说吃了它们的肉不得痴呆。

人鱼

飞鼠

Fei shu

《北次三经》：又东北二百里，曰天池之山，其上无草木，多文石。有兽焉，其状如兔而鼠首，以其背飞，其名曰飞鼠。

再往东北二百里，有座天池山，山上不长草木，出产一种带花纹的矿石。有一种叫飞鼠的野兽，长得像兔子，脑袋像老鼠，会借助背上的皮毛滑翔。

领胡 象蛇 鮯父鱼

Ling hu　Xiang she　Xian fu yu

《北次三经》：又东三百里，曰阳山，其上多玉，其下多金、铜。有兽焉，其状如牛而赤尾，其颈䭼（音甚），其状如句（音钩）瞿（音渠），其名曰领胡，自鸣自詨，食之已狂。有鸟焉，其状如雌雉，而五采以文，是自为牝牡，名曰象蛇，其鸣自詨。留水出焉，而南流注于河。其中有鮯（音线）父之鱼，其状如鲋鱼，鱼首而彘身，食之已呕。

再往东三百里，有座阳山。山上有玉矿石，山下有金矿和铜矿。山里有一种叫领胡的野兽，外形像牛，尾巴是红色的，颈部有一块突起的肉瘤，看上去像量东西的覆斗。它的叫声像在呼唤自己，传说吃了它的肉可以治疗癫狂病。山里还有一种叫象蛇的鸟，长得像雌性山鸡，它是雌雄一体的鸟类，全身有五彩斑斓的羽毛。它的叫声像在呼唤自己的名字。留水发源于阳山，向南流入黄河。水里有鮯父鱼，外形像鲋鱼，长着鱼的头，身子像猪。传说吃了它的肉，可以治疗呕吐。

领胡

象蛇

鮨父鱼

酸与

酸与

Suan yu

北山经 Classic of the Northern Mountains

《西次三经》：又南三百里，曰景山，南望盐贩之泽，北望少泽，其上多草、藇（音欲），其草多秦椒，其阴多赭，其阳多玉。有鸟焉，其状如蛇，而四翼、六目、三足，名曰酸与，其鸣自詨，见则其邑有恐。

再往南三百里，有座景山。从景山往南眺望可以看到盐贩泽，往北可以看见少泽。山上长了很多杂草、山药，还有很多花椒等植物；山的北坡有赭石矿，南坡有玉矿。有一种叫酸与的鸟，长得像蛇，有四只翅膀、六只眼睛、三只脚。它的叫声像在呼喊自己的名字，它一出现，当地就会发生令人恐慌的事情。

精卫

Jing wei

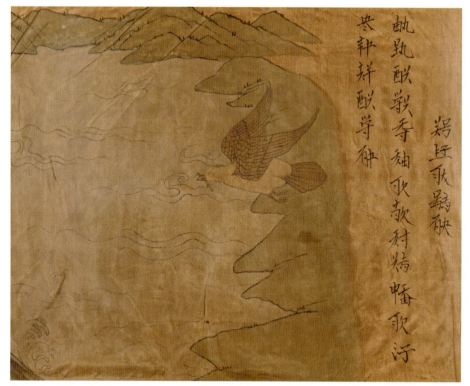

精卫

《北次三经》：又北二百里，曰发鸠之山，其上多柘木。有鸟焉，其状如乌，文首、白喙、赤足，名曰精卫，其鸣自詨。是炎帝之少女名曰女娃，女娃游于东海，溺而不返，故为精卫，常衔西山之木石，以堙（音阴）于东海。

往北二百里，有座发鸠山，山上有茂密的柘树。有一种叫精卫的鸟，它长得像乌鸦，头上有斑纹，双足呈红色，鸣叫起来像在呼叫自己的名字。精卫原是炎帝的小女儿，名叫女娃。女娃曾在东海游玩，溺水而死，化成精卫。精卫常常从西山衔来石头和树枝丢进东海，想把东海填平。

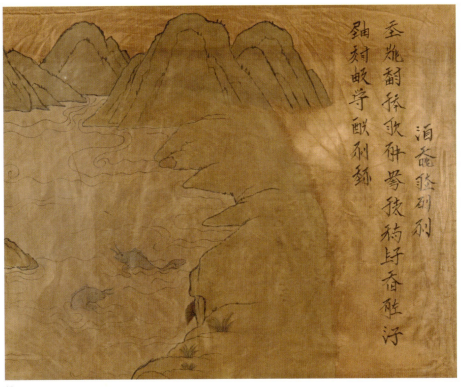

鱯

《北次三经》：又北百里，曰绣山，其上有玉、青碧，其木多栒，其草多芍药、芎（音凶）䓖（音穷）。洧（音伟）水出焉，而东流注于河。其中有鱯（音户）、黾（音猛）。

再往北一百里，有座绣山，山上有玉石和青碧玉，有茂密的栒树等植物，山上有很多芍药、芎䓖等花草。洧水发源于绣山，向东流入黄河，水里有很多鱯鱼和黾蛙。

辣辣

Dong dong

《北次三经》：又北三百里，曰泰戏之山，无草木，多金、玉。有兽焉，其状如羊，一角一目，目在耳后，其名曰辣（音东）辣，其鸣自訆。

再往北三百里，有座泰戏山，山上不长草木，但盛产金矿和玉矿。有一种叫辣辣的野兽，外形像羊，长了一只角和一只眼睛，眼睛长在耳朵后面，它的叫声像在呼唤自己的名字。

辣辣

《北次三经》：又北四百里，曰乾山，无草木，其阳有金玉，其阴有铁而无水。有兽焉，其状如牛而三足，其名曰獂（音环），其鸣自詨。

再往北四百里，有座乾山，山上不长草木，山的南坡有金矿和玉矿，北坡有铁矿，山里没有水。有一种叫獂的野兽，外形像牛，却长了三只脚，它的叫声像在呼唤自己的名字。

獂

羆九

Pi jiu

《北次三经》：又北五百里，曰伦山。伦水出焉，而东流注于河。有兽焉，其状如麋，其川在尾上，其名曰羆（音皮，当作"羆九"）。

再往北五百里，有座伦山。伦水发源于这里，向东流入黄河。山里有一种野兽，长得像麋鹿，肛门长在尾巴上，它的名字叫羆九。

罴九

马身人面廿神 彘身八足神

Ma shen ren mian nian shen
Zhi shen ba zu shen

《北次三经》：凡北次三山之首，自太行之山以至于无逢之山，凡四十六山，万二千三百五十里。其神状皆马身而人面者廿（音念）神。其祠之：皆用一藻茝瘗之。其十四神状皆彘身而载玉。其祠之，皆玉，不瘗。其十神状皆彘身而八足蛇尾。其祠之，皆用一璧瘗之。大凡四十四神，皆用稌糈米祠之，此皆不火食。

从北方的第一座山算起，自太行山一直到无逢山，一共四十六座山，绵延一万二千三百五十里。其中有二十座山的山神都长着人面马身。祭祀这些山神的仪式：把一块系有彩色丝线的玉和茝草一起埋到地下。另外十四座山的山神都长着猪的身子，身上都佩戴一块玉。祭祀这十四位山神的仪式：用玉祭祀，但不需要把玉埋到地下。另有十座山的山神都长着猪的身子，有八只脚、一条蛇尾。祭祀这十位山神的仪式：都选一块玉用来祭祀，然后把它埋到地下。祭祀这四十四位山神时，都需要用精米作为祭神的粮食，但不需要用火煮熟。

马身人面廿神

彘身八足神

The Classic of Mountains and Seas (Liao Dynasty Edition)

Volume 4

Classic of the Eastern Mountains

第四卷 东山经

从从　蚩鼠

Cong cong　Zi shu

《东山经》：又南三百里，曰枸状之山，其上多金、玉，其下多青碧石。有兽焉，其状如犬，六足，其名曰从从，其鸣自詨。有鸟焉，其状如鸡而鼠毛（音资）鼠毛，其名曰蚩鼠，见则其邑大旱。

再往南三百里，有座枸状山，山上有丰富的金矿和玉矿，山下出产青石和碧玉。有一种叫从从的野兽，外形像狗，长了六只脚，它的叫声像在呼唤自己的名字。山里还有一种叫蚩鼠的鸟，长得像鸡，身上有老鼠一样的毛，它一出现，当地会有旱灾。

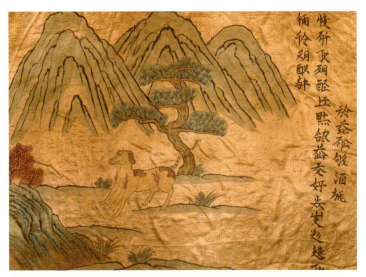

从从

蚩鼠

鯈鰫

《东山经》：又南三百里，曰独山，其上多金、玉，其下多美石。末涂之水出焉，而东南流注于沔（音免），其中多鯈（音条）鰫（音颙），其状如黄蛇，鱼翼，出入有光，见则其邑大旱。

再往南三百里，有座山叫独山，山上有金矿和玉矿，山下有很多美丽的石头。末涂水发源于这里，向东南流注于沔水，水里有很多鯈鰫，它们的外形像黄蛇，长着像鱼鳍一样的翅膀，出入水面时身上会发光。它们一出现，当地会有旱灾。

鯈鰫

狪狪

Tong tong

《东山经》：又南三百里，曰泰山，其上多玉，其下多金。有兽焉，其状如豚而有珠，名曰狪（音同）狪，其鸣自訆。环水出焉，东流注于江，其中多水玉。

往南三百里，有座泰山，山上盛产玉矿，山下富藏金矿。有一种叫狪狪的野兽，叫声像在呼唤自己的名字。环水发源于这里，向东流入汶水，水里有很多水晶。

狪狪

人身龙首神

Ren shen long shou shen

东山经 Classic of the Eastern Mountains

《东山经》：凡东山经之首，自樕（音素）蠢（音朱）之山以至于竹山，凡十二山，三千六百里。其神状皆人身龙首。祠：毛用一犬祈，䰽（音耳）用鱼。

从东山经的第一座山算起，从樕蠢山到竹山，一共十二座山，绵延三千六百里。这些山的山神都长着人身龙首。祭祀这些山神的仪式：从带毛的动物里选一条狗，再将鱼血涂抹在祭祀用的器皿上。

【注】：人身龙首神又叫东山神。

人身龙首神

獙獙

Bi bi

《东次二经》：又南三百里，曰姑逢之山，无草木，多金、玉。有兽焉，其状如狐而有翼，其音如鸿雁，其名曰獙（音毕）獙，见则天下大旱。

再往南三百里，有座姑逢山，山上不长草木，盛产金矿和玉矿。山里有一种叫獙獙的怪兽，长得像狐狸，有一对翅膀。獙獙的叫声很像鸿雁的声音，它一出现，天下必有旱灾。

兽身人面神

Shou shen ren mian shen

《东次二经》：凡东次二山之首，自空桑之山至于𦘒山，凡十七山，六千六百四十里。其神状皆兽身人面载觡（音格）。其祠：毛用一鸡祈，婴用一璧瘗。

从东边第二列山系的第一座山算起，从空桑山到𦘒山，一共十七座山，绵延六千六百四十里。这些山的山神都长着兽身人面，头上有鹿角。祭祀它们的仪式：用一只纯色的鸡行祈礼，婴用一块玉璧埋入地下。

兽身人面神

峳峳 絜钩

《东次二经》：又南五百里，曰硹（音阴）山，南临硹水，东望湖泽。有兽焉，其状如马，而羊目、四角、牛尾，其音如嗥狗，其名曰峳（音由）峳，见则其国多狡客。有鸟焉，其状如凫而鼠尾，善登木，其名曰絜（音协）钩，见则其国多疫。

再往南五百里，有座硹山，南面靠近硹水，往东可以看到湖泽。山里有一种叫峳峳的野兽，外形长得像马，却长着羊的眼睛、四只角、牛的尾巴。它的叫声像狗在嗥叫，它出现在哪里，哪里就会聚集一批狡诈诡辩之士。山里还有一种叫絜钩的怪鸟，长得像野鸭，却有一条老鼠一样的尾巴。絜钩喜欢站在树枝上，它一出现，所在的国家会暴发瘟疫。

峳峳

絜鈎

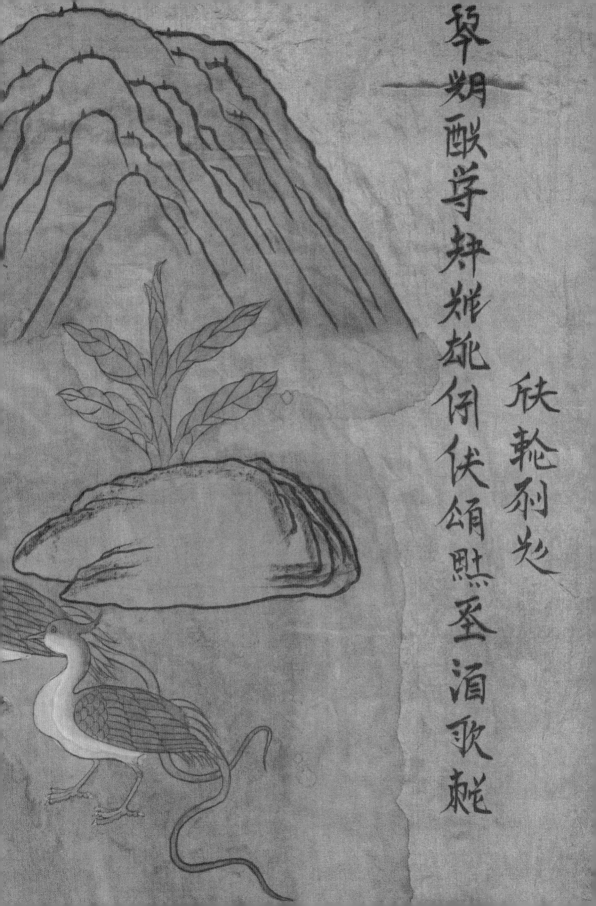

人身羊角神

Ren shen yang jiao shen

《东次三经》：凡东次三山之首，自尸胡山至于无皋之山，凡九山，六千九百里。其神状皆人身而羊角。其祠：用一牡羊，米用黍。是神也，见则风雨水为败。

从东方第三列山系的第一座山算起，从尸胡山到无皋山，一共九座山，绵延六千九百里。这些山的山神都长着人身、羊角。祭祀这些山神的仪式：从带毛的动物里选一只公羊，用黄米作为祭祀的粮食。这些山神一出现，就会掀起狂风暴雨，会有水灾发生。

人身羊角神

獨狋 絜雀

Ge dan Qi que

《东次四经》：又东次四山之首，曰北号之山，临于北海。有木焉，其状如杨，赤华，其实如枣而无核，其味酸甘，食之不疟。食水出焉，而东北流注于海。有兽焉，其状如狼，赤首鼠目，其音如豚，名曰獨（音格）狋（音旦），是食人。有鸟焉，其状如鸡而白首，鼠足而虎爪，其名曰絜（音齐）雀，亦食人。

东方第四列山系的第一座山叫北号山，紧挨着北海。山上有一种树，看着像杨树，开红色的花，果实像枣，但没有核，味道酸甜，吃了不得疟疾。食水发源于这座山，往东北流入大海。山里有一种叫獨狋的野兽，长得像狼，其脑袋是红色的，眼睛像老鼠，叫声像小猪，传说它会吃人。还有一种叫絜雀的鸟，长得像山鸡，脑袋是白色的，脚像老鼠，长着像老虎一样的爪子，传说它也会吃人。

獨狋

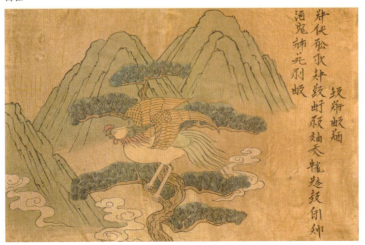

絜雀

薄鱼

Bo yu

《东次四经》：又东南三百里，曰女烝（音蒸）之山，其上无草木。石膏水出焉，而西注于鬲（音格）水，其中多薄鱼，其状如鳣鱼而一目，其音如欧，见则天下大旱。

再往东南三百里，有座女烝山，山上草木不生。石膏河水发源于这里，向西流入鬲水，水里有很多薄鱼。薄鱼长得像鳣鱼，却只有一只眼睛，它的叫声像人呕吐的声音，它一出现，天下会有旱灾。

薄鱼

当康

《东次四经》：又东南二百里，曰钦山，多金、玉而无石。师水出焉，而北流注于皋泽，其中多鳡（音秋）鱼，多文贝。有兽焉，其状如豚而有牙，其名曰当康，其鸣自訆，见则天下大穰。

再往东南二百里，有座钦山，山上有金矿和玉矿，却没有石头。师水发源于这里，向北流入皋泽，水里有很多鳡鱼和带花纹的贝壳。山里有一种叫当康的野兽，外形像猪，有獠牙，叫声像在呼叫自己的名字。当康一出现，会有大丰收。

当康

鲻鱼

鳋鱼

Hua yu

东山经 Classic of the Eastern Mountains

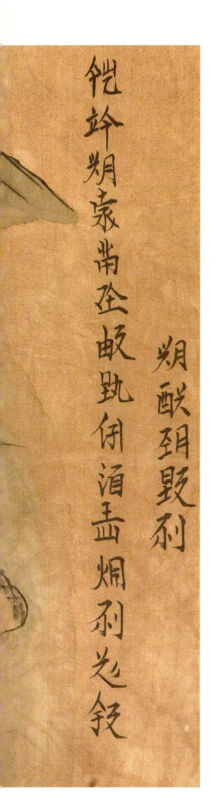

《东次四经》：又东南二百里，曰子桐之山，子桐之水出焉，而西流注于馀如之泽。其中多鳋（音滑）鱼，其状如鱼而鸟翼，出入有光，其音如鸳鸯，见则天下大旱。

再往东南二百里，有座子桐山。子桐河水发源于这里，向西流入馀如之泽。水里生长着很多鳋鱼，它们的外形像鱼，却长有鸟的翅膀，出入水面时身上会闪闪发光。鳋鱼的叫声像鸳鸯，它一出现，天下会有旱灾。

The Classic of Mountains and Seas (Liao Dynasty Edition)

Volume 5

Classic of the Middle Mountains

第五卷 中山经

䑏

Nuo

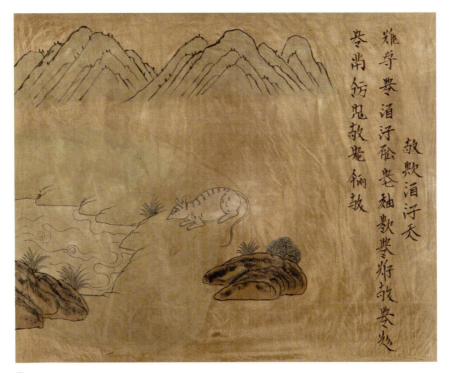

䑏

《中山经》：中山薄山之首，曰甘枣之山。共（音弓）水出焉，而西流注于河。其上多杻木，其下有草焉，葵本而杏叶，黄华而荚实，名曰箨（音拓），可以已瞢（音萌）。有兽焉，其状如䶅（音独）鼠而文题，其名曰䑏（音挪），食之已瘿（音影）。

　　中央山脉薄山系的第一座山叫甘枣山，共水发源于这里，向西流入黄河。山上有很多杻树，山下有一种叫箨的花草，根茎像山葵，叶子像杏叶，开黄色的花，果实有荚，可以治疗眼疾。山里有一种叫䑏的野兽，长得像䶅鼠，头上有花纹，传说吃了它的肉可以治疗大脖子病。

豪鱼

Hao yu

中山经 Classic of the Middle Mountains

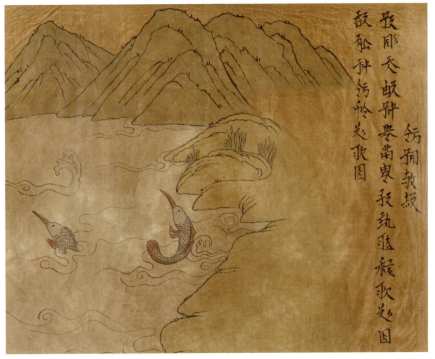

豪鱼

《中山经》：又东十五里，曰渠猪之山，其上多竹。渠猪之水出焉，而南流注于河。其中是多豪鱼，状如鲔（音伟），赤喙尾，赤羽，可以已白癣。

再往东十五的里，有座渠猪山，山上有很多竹子，渠猪水发源于这里，向南流入黄河。水里有很多豪鱼，它们的外形像鲔鱼，嘴、尾巴、鱼鳍都是红色的，传说吃了它们的肉可以治疗白癣。

鸣蛇

鸣蛇

Ming she

中山经 Classic of the Middle Mountains

《中次二经》：又西三百里，曰鲜山，多金、玉，无草木。鲜水出焉，而北流注于伊水。其中多鸣蛇，其状如蛇而四翼，其音如磬，见则其邑大旱。

再往西三百里，有座鲜山，山上盛产金矿和玉矿，却不长草木。鲜水发源于这里，向北流入伊水。水里有很多鸣蛇，它们的外形像蛇，却长有四只翅膀。它们的叫声像敲打磬石发出的声音，它们一出现，当地会有旱灾。

化蛇

Hua she

《中次二经》：又西三百里，曰阳山，多石，无草木。阳水出焉，而北流注于伊水。其中多化蛇，其状如人面而豺身，鸟翼而蛇行，其音如叱呼，见则其邑大水。

再往西三百里，有座阳山，山上到处是石头，植物不能生长。阳水发源于这里，向北流入伊水。水里有很多化蛇，长着人的面孔、豺狼一样的身子和鸟一样的翅膀，走路像蛇一样蜿蜒地爬行。它们的叫声像人呵斥时发出的声音，它们一出现，当地会有洪水灾害。

化蛇

蠪蚳

Long chi

《中次二经》：又西二百里，曰昆吾之山，其上多赤铜。有兽焉，其状如彘而有角，其音如号，名曰蠪（音龙）蚳（音吃），食之不眯。

再往西二百里，有座昆吾山，山上有丰富的赤铜矿。山里有一种叫蠪蚳的野兽，外形像猪却长着角，它的叫声像有人在号啕大哭的声音，传说吃了它的肉不会做噩梦。

中山经 Classic of the Middle Mountains

蠪蚳

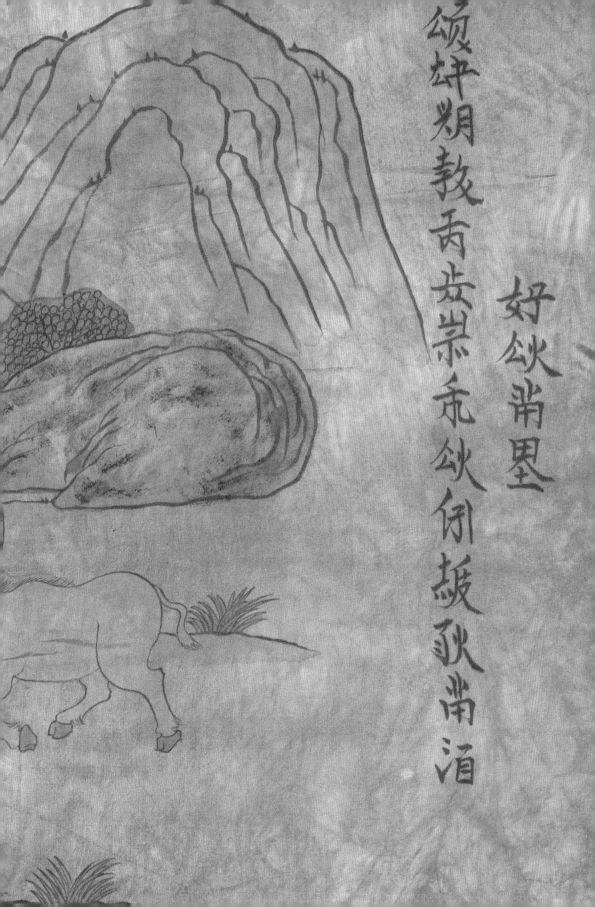

人面鸟身神

人面鸟身神

Ren mian niao shen shen

中山经 Classic of the Middle Mountains

《中次二经》：凡济山经之首，自煇诸之山至于蔓渠之山，凡九山，一千六百七十里。其神皆人面而鸟身。祠用毛，用一吉玉，投而不糈。

从济山山系的第一座山算起，从煇诸山一直到蔓渠山，一共九座山，绵延一千六百七十里。这些山的山神都长着人的面孔、鸟的身子。祭祀这些山神时，选一个带毛的动物作祭品，再选一块彩色的玉，投到山涧里即可，不需要用精米作祭品。

魃武罗 鵁

《中次三经》：又东十里，曰青要之山，实惟帝之密都。北望河曲，是多驾（音夹）鸟。南望墠（音善）渚，禹父之所化，是多仆累、蒲卢。魃（音神）武罗司之，其状人面而豹文，小要而白齿，而穿耳以鐻（音渠），其鸣如鸣玉。是山也，宜女子。畛（音诊）水出焉，而北流注于河。其中有鸟焉，名曰鵁（音舀），其状如凫，青身而朱目赤尾，食之宜子。

再往东十里，有座青要山，这里是黄帝的秘密居所。从青要山往北，可以看到黄河九曲十八弯式的河床，河边有很多驾鸟。往南可以看到墠渚，大禹的父亲在那里死去后化身为黄熊，河滩上有很多蜗牛和田螺。魃武罗负责管理这座山，它长着人的面孔，身上有豹纹，小细腰、白色犬齿，耳朵上穿有金银环，叫声像玉石碰撞发出的声音。青要山适合女子居住。畛水发源于这里，向北流入黄河。山里有一种叫鵁的鸟，外形长得像野鸭，身上的羽毛是青绿色的，眼睛和尾巴是红色的，传说吃了它的肉会子孙兴旺。

魃武罗

熏池

Xun chi

《中次三经》：《中次三经》萯（音贝）山之首，曰敖岸之山，其阳多㻬（音突）琈（音浮）之玉，其阴多赭、黄金。神熏池居之。是常出美玉。北望河林，其状如蒨（音欠）如举。

　　萯山的第一座叫敖岸山，山的阳面有很多㻬琈玉，阴面有很多赭石和黄金，神仙熏池住在这里。萯山是常出美玉的地方，从这里往北可以看到河床上的树林，叶子的形状像茜草，也像榉树的叶子。

熏池

泰逢

《中次三经》：又东二十里，曰和山，其上无草木而多瑶碧，实惟河之九都。是山也五曲，九水出焉，合而北流注于河，其中多苍玉。吉神泰逢司之，其状如人而虎尾，是好居于萯山之阳，出入有光。泰逢神动天地气也。

再往东二十里，有座和山，山上不长草木，却盛产美玉和碧玉，这里是黄河九条支流的源头。这座山蜿蜒五曲，九条支流发源于这里，合并汇总后向北流入黄河，水里有很多灰白色的玉石。吉祥之神泰逢负责管理和山，它长着人的面孔、老虎的尾巴，喜欢住在萯山的南面，进出都有神光笼罩。泰逢是可以通天地的山神，它可以呼风唤雨。

泰逢

䴦

Yin

䴦

《中次四经》：西五十里，曰扶猪之山，其上多礝（音软）石。有兽焉，其状如貉（音合）而人目，其名曰䴦（音银）。虢水出焉，而北流注于洛，其中多瓀石。

往西五十里，有座扶猪山，山上盛产礝石。山里有一种叫䴦的怪兽，外形像貉子，眼睛像人眼。虢水发源于扶猪山，向北流入洛水，水里有很多瓀石。

人面兽身神

Ren mian shou shen shen

中山经 Classic of the Middle Mountains

人面兽身神

《中次四经》：凡厘山之首，自鹿蹄之山至于玄㞦之山，凡九山，千六百七十里。其神状皆人面兽身。其祠之：毛用一白鸡，祈而不糈，以采衣（音义）之。

　　从厘山的第一座山算起，从鹿蹄山到玄㞦山，一共有九座山，绵延一千六百七十里。这些山的山神都长着人的面孔和野兽的身子。祭祀山神的仪式：选一只纯色的白鸡，举行仪式时不需要用精米，用彩色的衣物把白鸡装饰起来即可。

辽版山海经图说　The Classic of Mountains and Seas (Liao Dynasty Edition)

䫲鸟

䭨鸟

Dai niao

中山经 Classic of the Middle Mountains

《中次五经》：东三百里，曰首山，其阴多榖、柞，其草多𦬊（音竹）、芫，其阳多㻬琈之玉，木多槐。其阴有谷，曰机谷，多䭨（音代）鸟，其状如枭而三目，有耳，其音如录（音录），食之已垫。

往东三百里，有座首山，山的北坡生长了很多构树和柞树，花草类植物以𦬊和芫荽居多。山的南坡盛产美玉，有茂密的槐树。山的北面有一个山谷，叫机谷，里面有很多䭨鸟，其外形像猫头鹰，有三只眼睛，还有耳朵。它的叫声像幽幽鹿鸣，传说吃了它的肉可以治疗风湿。

骄虫

Jiao chong

《中次六经》：《中次六经》缟（音搞）羝（音低）山之首，曰平逢之山，南望伊、洛，东望谷城之山，无草木，无水，多沙石。有神焉，其状如人而二首，名曰骄虫，是为螯（音是）虫，实惟蜂蜜之庐。其祠之：用一雄鸡，禳而勿杀。

《中次六经》缟羝山系的第一座山，叫平逢山，从这里往南可以看到伊水和洛水，往东可以看到谷城山，山上没有草木，没有水源，多是荒沙和石头。这里的山神名叫骄虫，它的样子像人，却有两个脑袋。它是负责管理螯虫类的山神，所以平逢山也是蜜蜂栖息的地方。祭祀时，用一只公鸡，只祈禳而不杀它。

骄虫

修辟鱼

Xiu pi yu

《中次六经》：又西五十里，曰橐（音驼）山，其木多樗，多楠（音备）木，其阳多金、玉，其阴多铁，多萧。橐水出焉，而北流注于河。其中多修辟之鱼，状如黾（音猛）而白喙，其音如鸱，食之已白癣。

再往西五十里，有座橐山，山里的树木以臭椿树、楠树为主，山的南坡盛产金矿和玉矿，北坡产铁矿，并且长有茂密的艾蒿。橐水发源于这里，向北流入黄河。水中有很多修辟鱼，外形像蛙，嘴是白色的。它们的叫声跟鹞鹰相似，传说吃了它们的肉，可以治疗白癣。

修辟鱼

山膏 文文

Shan gao　Wen wen

山膏

《中次七经》：又东二十里，曰苦山。有兽焉，名曰山膏，其状如逐，赤若丹火，善詈（音立）。

再往东二十里，有座苦山。山里有一种野兽叫山膏，外形像猪，全身像火一样彤红，喜欢骂人。

《中次七经》：又东五十二里，曰放皋之山。明水出焉，南流注于伊水，其中多苍玉。有木焉，其叶如槐，黄华而不实，其名曰蒙木，服之不惑。有兽焉，其状如蜂，枝尾而反舌，善呼，其名曰文文。

往东五十二里，有座放皋山，明水发源于这里，向南流入伊水，水里有很多苍玉。山里有一种蒙木树，其叶子像槐树叶，它开黄色的花，但不结果实，吃了它会保持头脑清醒。还有一种叫文文的野兽，外形像黄蜂，舌头倒着长，尾巴像树枝一样有分叉，喜欢呼叫。

三足龟

三足龟

San zu gui

中山经 Classic of the Middle Mountains

《中次七经》：又东五十七里，曰大苦之山，多㻬琈之玉，多麋玉。有草焉，其状叶如榆，方茎而苍伤，其名曰牛伤，其根苍文，服者不厌，可以御兵。其阳狂水出焉，西南流注于伊水，其中多三足龟，食者无大疾，可以已肿。

再往东五十七里，有座大苦山，山上有很多美玉，还有很多麋玉。有一种叫牛伤的草，其叶子像榆树叶，茎部呈方形，且有青黑色的刺。它的根部有青色的纹路，服用它可以治疗晕厥，还可以用来抵御对手的进攻。狂水发源于这座山的南坡，向西南流入伊水。水里有很多三足龟，吃了它们的肉不得大病，还能消肿。

人面三首神

Ren mian san shou shen

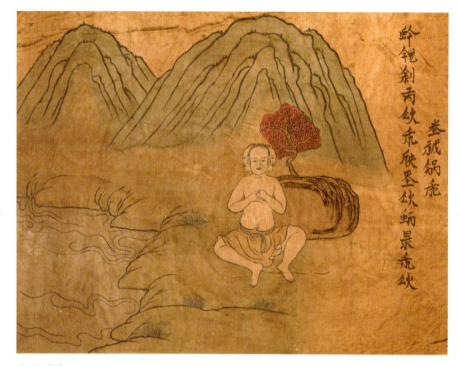

人面三首神

《中次七经》：凡苦山之首，自休与之山至于大騩（音归）之山，凡十有九山，千一百八十四里。其十六神者，皆豕身而人面。其祠：毛牷（音全）用一羊羞，婴用一藻玉瘗。苦山、少室、太室皆冢也。其祠之：太牢之具，婴以吉玉。其神状皆人面而三首，其余属皆豕身人面也。

从苦山的第一座山算起，从休与山到大騩山，一共有十九座山，绵延一千一百八十四里。其中十六座山的山神，都长着猪的身子、人的面孔。祭祀这些山神的仪式：从带毛的动物里挑选一只羊作为祭品，再挑一块系着丝线的彩色玉石埋入地下。苦山、少室山、太室山都是这一带比较有名的山头。祭祀这几个山神的仪式：献上猪、牛、羊三牲，再选一块系有丝线的彩玉。这些山神都长着人的面孔，却有三个脑袋，其余的都是猪身人面的山神。

鼍围

Tuo wei

鼍围

《中次八经》：又东北百五十里，曰骄山，其上多玉，其下多青䨼，其木多松、柏，多桃枝、钩端。神鼍（音驼）围处之，其状如人面，羊角虎爪，恒游于雎漳之渊，出入有光。

再往东北五十里，有座骄山，山上有玉矿，山下盛产青䨼等颜料。山上的树木以松树和柏树为主，还有桃枝、钩端等草药。山神鼍围居住在这里，它长着人的面孔、羊一样的角和老虎的爪子，经常在雎水和漳水之间的深潭间巡游，出入时身上都有神光笼罩。

计蒙

Ji meng

《中次八经》：又东百三十里，曰光山，其上多碧，其下多木。神计蒙处之，其状人身而龙首，恒游于漳渊，出入必有飘风暴雨。

再往东一百三十里，有座光山，山上有很多碧玉，山下有多条河流。山神计蒙居住在这里，它长着人的身子、龙的脑袋，经常在漳水的深渊里巡游，出入时必定伴有狂风暴雨。

计蒙

涉蠱

She tuo

涉蠱

《中次八经》：又东百五十里，曰岐山，其阳多赤金，其阴多白珉（音旻），其上多金、玉，其下多青雘，其木多樗。神涉蠱处之，其状人身而方面三足。

再往东一百五十里，有一座岐山，山的南坡有赤金矿，北坡有白珉矿，山上盛产金和玉，山下多产青色的矿物颜料，山里有很多臭椿树。山神涉蠱居住在这里，它长着人的身子，脸庞呈方形，有三条腿。

白犀

Bai xi

《中次八经》又东南二百里,曰琴鼓之山,其木多穀、柞、椒、柘,其上多白珉,其下多洗石,其兽多豕、鹿,多白犀,其鸟多鸩。

再往东南二百里,有座琴鼓山,山上以穀、柞、椒、柘等树木为主,还盛产白珉,山下有很多洗石。山里的野兽以猪、鹿、白色犀牛居多,山中有很多鸩鸟。

白犀

鸟身人面神

Niao shen ren mian shen

《中次八经》：凡荆山之首，自景山至琴鼓之山，凡二十三山，二千八百九十里。其神状皆鸟身而人面。其祠：用一雄鸡祈瘗，用一藻圭，糈用稌。骄山，冢也，其祠：用羞酒少牢祈瘗，婴毛一璧。

从荆山山系的第一座山算起，从景山到琴鼓山，一共二十三座山，绵延二千八百九十里。这些山的山神都长着鸟的身子、人的面孔。祭祀山神的仪式：选一只公鸡作祭品，仪式完成后埋入地下，选一块系有彩色丝带的玉圭，祭祀的粮食用稻米。骄山，有统领众山的地位，祭祀这里的山神的仪式：选用美食、美酒和猪、牛、羊三牲，仪式结束后埋入地下。再选一块系有丝线的玉璧祭献给山神。

鸟身人面神

鼉

Tuo

《中次九经》：又东北三百里，曰岷山。江水出焉，向东北流注于海，其中多良龟，多鼍（音陀）。

再往北三百里，有一座岷山。江水发源于这里，向东北流入大海，水里有很良龟和鼍。

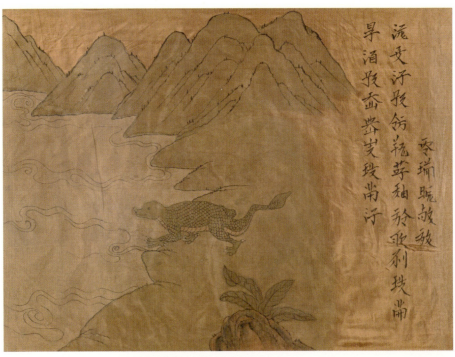

鼍

窃脂

《中山九经》：又东一百五十里，曰崌（音居）山，江水出焉，东流注于大江，其中多怪蛇，多鳌（音志）鱼。其木多楢（音由）、杻，多梅、梓，其兽多夔牛、羬（音灵）、奥、犀、兕。有鸟焉，状如鸮而赤身白首，其名曰窃脂，可以御火。

再往东一百五十里，有座崌山。江水发源于这里，向东流入长江，水里有很多怪蛇和鳌鱼。山上茂密的树木以楢树、杻树、梅树、梓树为主，野兽则有众多的夔牛、羬羊、奥、犀牛和兕。有一种叫窃脂的鸟，长得像猫头鹰，鸟身是红色，脑袋是白色，传说它具有预警、防范火灾的功能。

窃脂

狆狼

Shi lang

狆狼

《中次九经》：又东四百里，曰蛇山，其上多黄金，其下多垩（音恶），其木多栒，多豫章，其草多嘉荣、少辛。有兽焉，其状如狐，而白尾长耳，名狆（音是）狼，见则国内有兵。

再往东四百里，有一座蛇山，山上有黄金矿，山下有垩土矿，山上的树木多是栒树、豫章，花草以嘉荣和少辛居多。山里有一种叫狆狼的野兽，外形像狐狸，尾巴白色，耳朵很长，它一出现，所在国家就有战争发生。

蜼

《中次九经》：又东五百里，曰鬲（音利）山，其阳多金，其阴多白珉。蒲鷬（音轰）之水出焉，而东流注于江，其中多白玉。其兽多犀、象、熊、罴，多猿、蜼（音卫）。

再向东五百里，有一座鬲山，山南坡有金矿，北坡有白珉矿。蒲鷬水发源于这里，向东流入长江，水里有很多白玉石。山里有很多犀牛、大象、熊、罴，还有很多猿猴和长尾猿。

马身龙首神　麒麟

Ma shen long shou shen　Qi lin

《中次九经》：凡岷山之首，自女几山至于贾超之山，凡十六山，三千五百里。其神状皆马身而龙首。其祠：毛用一雄鸡瘗，糈用稌。文山、勾檷、风雨、騩之山，是皆冢也。其祠之：羞酒，少牢具，婴毛一吉玉。熊山，席也。其祠：羞酒，太牢具，婴毛一璧。干儛，用兵以禳；祈璆（音球），冕舞。

从岷山的第一座山算起，从女几山到贾超山，一共十六座山，绵延三千五百里。这些山的山神都长着马的身子、龙的脑袋。祭祀这些山神的仪式：挑选一只带毛的公鸡，仪式结束后埋入地下，祭神用的粮食是精米。文山、勾檷山、风雨山、騩之山，是众山的宗主。祭祀这些山神的仪式：祭献用美食、美酒，备齐猪、羊少牢，挑选一块系有丝线的彩色玉石。熊山，在众山中有统领地位，祭祀这个山神的仪式：献上美食、美酒，备齐三牲，选一块系有丝线的彩色玉璧。举行祭祀仪式时，巫师要手拿盾牌起舞，祈祷没有战争；向神祈福时，需要手持美玉，戴上特制的帽子跳舞。

【注】：马身龙首神又叫龙马；而麒麟是一种瑞兽，远古神话中相传是应龙的后代。人们经常把麒麟与龙马混淆。

马身龙首神

麒麟

跂踵

Qi zhong

《中次十经》：又西二十里，曰复州之山，其木多檀，其阳多黄金。有鸟焉，其状如鸮，而一足彘尾，其名曰跂踵，见则其国大疫。

再往西二十里，有一座复州山，山里的树木多是檀树，山的南坡有丰富的金矿。有一种叫跂踵的鸟，长得像猫头鹰，却只有一只脚，同时还长了一条猪一样的尾巴。它一出现，所在国家就会发生瘟疫。

跂踵

龙身人面神

Long shen ren mian shen

《中次十经》：凡首阳山之首，自首山至于丙山，凡九山，二百六十七里。其神状皆龙身而人面。其祠之：毛用一雄鸡瘗，糈用五种之糈。堵山，冢也，其祠之：少牢具，羞酒祠，婴毛一璧瘗。騩山，帝也，其祠：羞酒，太牢；其合巫祝二人儛，婴一璧。

从首阳山的第一座山算起，从首山到丙山，一共九座山，绵延二百六十七里。这些山的山神都长着龙的身子、人的面孔。祭祀这些山神的仪式：从带毛的动物里挑选一只公鸡，仪式结束后埋入地下，用五种米作为祭献给山神的粮食。堵山，是众山的宗主，祭祀这个山神的仪式：备齐猪、羊，献上美食、美酒，挑选一块系有丝线的玉璧，仪式结束后埋入地下。騩山，统领众山，祭祀这个山神的仪式：献上美食、美酒，备齐三牲，请女巫和男巫合舞祈祷，再挑选一块系有丝线的玉璧，献给山神。

龙身人面神

雍和　耕父

Yong he Geng fu

雍和

耕父

《中次十一经》：又东南三百里，曰丰山。有兽焉，其状如猿，赤目、赤喙、黄身，名曰雍和，见则国有大恐。神耕父处之，常游清泠之渊，出入有光，见则其国为败。

再往东南三百里，有一座丰山。山里有一种叫雍和的野兽，长得像猿猴，眼睛、嘴巴是红色的，身子是黄色的。它一出现，所在国家会出现大的恐慌。山神耕父居住在丰山上，它常常在清泠深渊游历，出入有神光笼罩。它一出现，所在国家就会衰亡。

婴勺

《中次十一经》：又东四十里，曰支离之山。济水出焉，南流注于汉。有鸟焉，其名曰婴勺，其状如鹊，赤目、赤喙、白身，其尾若勺，其鸣自呼。

再往东四十里，有一座支离山。济水发源于这里，向南流入汉水。山里有一种叫婴勺的鸟，外形像鹊，眼睛、嘴巴是红色，身上是白色的，它的尾巴像勺子，叫声像在呼唤自己的名字。

婴勺

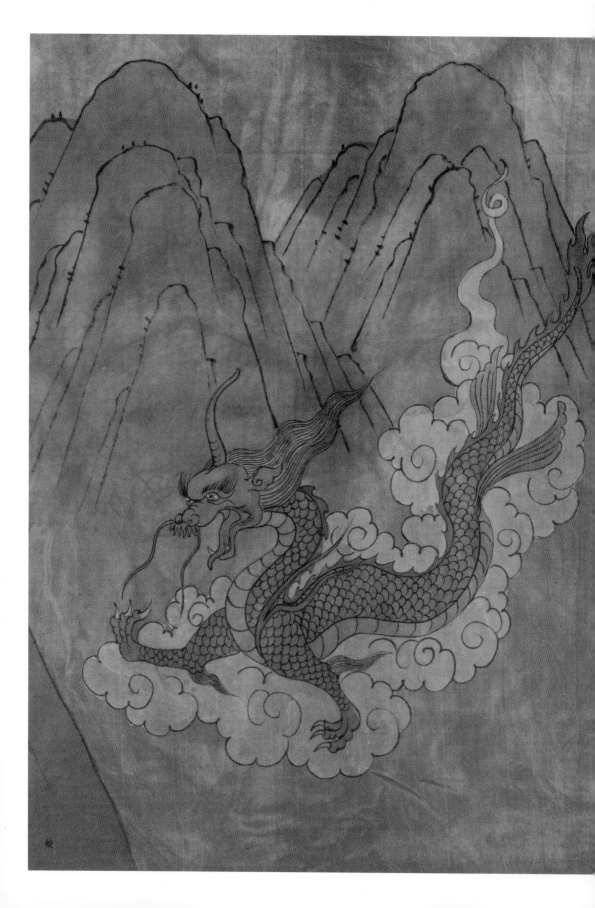

蛟

Jiao

中山经 Classic of the Middle Mountains

《中次十一经》：又东南三十里，曰毕山。帝苑之水出焉，东北流注于视，其中多水玉，多蛟。其上多㻬琈之玉。

再往东南三十里，有一座毕山。这里是帝苑水的发源地，向东北流入视，水里盛产水玉，有很多蛟。山上多产㻬琈玉。

狨

Li

又东南二十里，曰乐马之山。有兽焉，其状如彚（音卫），赤如丹火，其名曰狨（音立），见则其国大疫。

再往东南二十里，是乐马山。山里有一种叫狨的怪兽，外形像刺猬，浑身上下像火一样彤红。它一出现，所在的国家就会暴发瘟疫。

狨

梁渠

《中次十一经》：又东北七十里，曰历石之山，其木多荆芑，其阳多黄金，其阴多砥石。有兽焉，其状如狸，而白首虎爪，名曰梁渠，见则其国有大兵。

再往东北七十里，有一座历石山，山上有茂密的荆棘、枸杞，山的南坡有丰富的黄金矿，北坡有砥石矿。山里有一种叫梁渠的野兽，外形像狸猫，脑袋是白色的，长着老虎一样的爪子。它一出现，所在国家会有战争。

梁渠

闻獜

彘身人首神

Wen lin Zhi shen ren shou shen

《中次十一经》：又东三百五十里，曰几山，其木多楢、檀、杻，其草多香。有兽焉，其状如彘，黄身、白头、白尾，名曰闻獜（音林），见则天下大风。

再往东三百五十里，有座几山，山上的树木以楢树、檀树和杻树居多，草木芬芳。有一种叫闻獜的野兽，外形像猪，身体是黄色的，脑袋和尾巴是白色的。闻獜一出现，天下就会刮起大风。

《中次十一经》：凡荆山之首，自翼望之山至于几山，凡四十八山，三千七百三十二里。其神状皆彘身人首。其祠：毛用一雄鸡祈，瘗用一珪，糈用五种之精。禾山，帝也，其祠：太牢之具，羞瘗倒毛；用一璧，牛无常。堵山、玉山冢也，皆倒祠，羞用少牢，婴毛吉玉。

从荆山系的第一座山算起，从翼望山到几山，一共四十八座山，绵延三千七百三十二里。这些山的山神都长着猪的身子、人的脑袋。祭祀这些山神的仪式：从带毛的动物里挑选一只公鸡，祈祷结束后埋入地下，选一块玉珪，祭神的粮食选用五种精米。禾山，统领众山，祭祀这个山神的仪式：备齐猪、牛、羊三牲，动物要放倒，和祭祀用的食物一起埋入地下，选一块玉璧，太牢中的牛不是必备的祭品。堵山、玉山，是众山的宗主，祭祀时都需要先把动物倒着埋入地下，除去猪、羊和其他食物以外，还要备一块系有丝线的彩色美玉。

闻豕彘

彘身人首神

于儿神

Yu er shen

《中次十二经》：又东一百五十里，曰夫夫之山，其上多黄金，其下多青雄黄，其木多桑、楮，其草多竹、鸡鼓。神于儿居之，其状人身而身操两蛇，常游于江渊，出入有光。

　　再往东一百五十里，有一座夫夫山，山上盛产黄金矿，山下有很多青雄黄矿石，山里的树木以桑树和楮树为主要品种，花草类以竹子、鸡鼓草居多。山神于儿居住在这里，它长着人的身子，手里拿着两条蛇，经常在江渊一带巡游，出入时身上有神光笼罩。

于儿神

帝之二女 洞庭怪神

《中次十二经》：又东南一百二十里，曰洞庭之山，其上多黄金，其下多银、铁，其木多柤、梨、橘、櫾（音又），其草多葌（音尖）、蘼芜、芍药、芎（音凶）䓖（音穷）。帝之二女居之，是常游于江渊。澧沅之风，交潇湘之渊，是在九江之间，出入必以飘风暴雨。是多怪神，状如人而载蛇，左右手操蛇。多怪鸟。

再往东南一百二十里，有座洞庭山，山上蕴藏丰富的黄金矿，山下有银矿和铁矿。山里的树种中很多是柤树、梨树、橘树和柚树，花草以兰草、蘼芜、芍药和芎䓖居多。尧帝的两个女儿居住在洞庭山里，她们经常在长江的水渊里游玩。从澧水和沅江吹来的风，在潇湘附近的水域交会，这里也是九条江水交汇的地方，她们出行时都会伴有狂风暴雨。这一带有很多怪神，都长着人的模样，但左右手抓着两蛇。还有许多怪鸟。

帝之二女

洞庭怪神

蚔

Gui

《中次十二经》：又东南二百里，曰即公之山，其上多黄金，其下多瑶琈之玉，其木多柳、杻、檀、桑。有兽焉，其状如龟，而白身赤首，名曰蚔（音鬼），是可以御火。

再往东南二百里，有座即公山，山上有黄金矿，山下有很多美玉。山上的树木中以柳树、杻树、檀树和桑树为主。有一种叫蚔的野兽，外形像龟，但身子是白色的，脑袋是红色的，传说可以用来防御火灾。

蚔

飞蛇

《中次十二经》：又南九十里，曰柴桑之山，其上多银，其下多碧，多泠石、赭，其木多柳、芑、楮、桑，其兽多麋鹿，多白蛇、飞蛇。

再往南九十里，有座柴桑山，山上蕴藏丰富的银矿，山下有碧玉矿，多产泠石和红土矿。山里的树种多半是柳树、枸杞、楮树和桑树等树木，野兽以麋鹿居多，还有很多白蛇和飞蛇。

飞蛇

鸟身龙首神

Niao shen long shou shen

《中次十二经》：凡洞庭山之首，自篇遇之山至于荣余之山，凡十五山，二千八百里。其神状皆鸟身而龙首。其祠：毛用一雄鸡、一牝豚刉（音机），糈用稌。凡夫夫之山、即公之山、尧山、阳帝之山皆冢也，其祠：皆肆瘗，祠用酒，毛用少牢，婴毛一吉玉。洞庭、荣余山，神也，其祠：皆肆瘗，祈酒太牢祠，婴用圭璧十五，五采惠之。

　　从洞庭山系的第一座山算起，从篇遇山到荣余山，一共有十五座山，绵延二千八百里。这些山的山神都长着鸟的身子、龙的脑袋。祭祀这些山神的仪式：从带毛的动物中挑选一只公鸡、一头杀好的母猪，祭祀用的粮食要选精米。因为夫夫山、即公山、尧山、阳帝山都是宗主神居住的地方，祭祀它们的仪式：先把祭品摆好，准备献供，礼毕埋入地下；然后献上美酒，献上猪、羊少牢，再选一块系有丝线的彩色玉一起祭献给山神。洞山、荣余山是神显灵的山，祭祀这里的山神的仪式：先摆好祭品，准备好祭祀用的酒和三牲，选十五块玉圭和玉璧，用五彩的丝带系好，献给山神。

鸟身龙首神

The Classic of Mountains and Seas (Liao Dynasty Edition)

Volume 6

Overseas Classic

第六卷 海外经

结匈国

Jie xiong guo

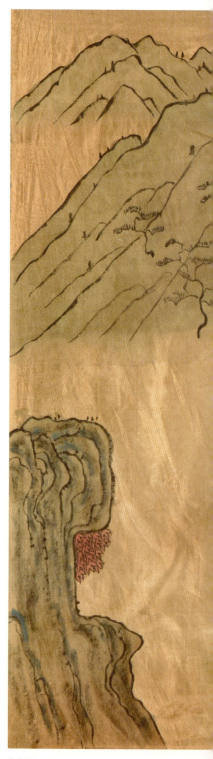

结匈国

《海外南经》：海外自西南陬（音邹）至东南陬者。结匈国在其西南，其为人结匈。

海外是指从西南角到东南角所跨越的区域。结匈国在海外的西南部，那里的人胸前有个凸起的肉结。

比翼鸟

比翼鸟

Bi yi niao

海外经 Overseas Classic

《海外南经》：南山在其东。自此山来，虫为蛇，蛇号为鱼。一曰南山在结匈东南。比翼鸟在其东，其为鸟青、赤，两鸟比翼。一曰在南山东。

南山在结匈国东面。从南山开始，这里的人把虫称作蛇，把蛇称作鱼。另一说法称南山在结匈国的东南面，比翼鸟在它东面。这种鸟身上的羽毛是青红间杂色，两只鸟的翅膀必须协作配合才能飞起来。另一说法称比翼鸟在南山的东面。

【注】：《西次三经》：有鸟焉，其状如凫，而一翼一目，相得乃飞，名曰蛮蛮，见则天下大水。

羽民国

Yu min guo

《海外南经》：羽民国在其东南，其为人长头，身生羽。一曰在比翼鸟东南，其为人长颊。

羽民国在它的东南面，那里的人头很长，身上长有羽毛。还有一种说法是羽民国在比翼鸟的东南面，那里的人脸颊很长。

羽民国

神人二八

Shen ren er ba

《海外南经》：有神人二八，连臂，为帝司夜于此野。在羽民东，其为人小颊赤肩。

有一位神人叫二八，他的手臂是连起来的，在旷野里专门为天帝守夜。神人二八在羽民国东面，那里的人脸颊窄小，肩膀是红色的。

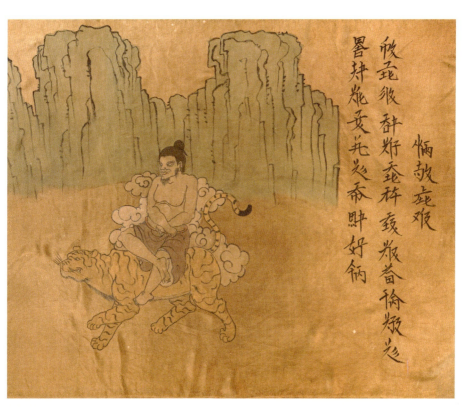

神人二八

毕方

Bi fang

《海外南经》：毕方鸟在其东，青水西，其为鸟人面一脚。一曰在二八神东。

毕方鸟在它的东面，青水的西面，这种鸟长着鸟的身子、人的面孔，只有一只脚。另一说法是毕方鸟在神人二八的东面。

讙头国

Huan tou guo

讙头国

《海外南经》：讙（音欢）头国在其南，其为人人面有翼，鸟喙，方捕鱼。一曰在毕方东。或曰讙朱国。

讙头国在它的南面，那里的人都长着一张人的面孔，有一对鸟一样的翅膀和一张鸟一样的嘴，正在水中捕鱼。另一说法称讙头国在毕方的东面。讙头国也叫讙朱国。

厌火国

Yan huo guo

海外经 Overseas Classic

厌火国

《海外南经》：厌火国在其国南，兽身黑色，生火出其口中。一曰在讙朱东。

厌火国在它的南面，那里的人长着野兽的身子，全身黑色，能从口中吐出火来。另一说法是厌火国在讙朱国东面。

载国

Zhi guo

《海外南经》：载（音治）国在其东，其为人黄，能操弓射蛇。一曰载国在三毛东。

载国在三苗国的东面，那里的人皮肤是黄色的，能用弓箭射蛇。另一种说法称载国在三毛国的东面。

载国

贯匈国
交胫国

Guan xiong guo
Jiao jing guo

《海外南经》：贯匈国在其东，其为人匈有窍。一曰在载国东。

贯匈国在载国的东面，那里的人胸前都有一个洞。另一说法称，贯匈国在载国东边。

《海外南经》交胫国在其东，其为人交胫。一曰在穿匈东。

交胫国在东面，那里的人两只小腿相互交叉起来。另一种说法是交胫国在穿匈国东。

贯匈国

交胫国

不死民

不死民

《海外南经》：不死民在其东，其为人黑色，寿，不死。一曰在穿匈国东。

不死民在它的东面，那里的人全身黑色，长寿不死。有一种说法称不死民在穿匈国的东面。

岐舌国

Qi she guo

《海外南经》：岐舌国在其东。一曰在不死民东。

岐舌国在东面。另一说法是岐舌国在不死民的东面。

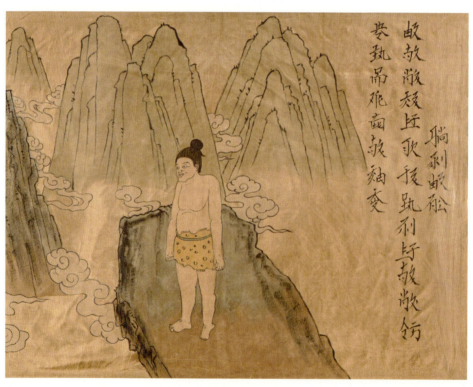

岐舌国

后羿 凿齿

Hou yi　Zao chi

后羿

《海外南经》：羿与凿齿战于寿华之野，羿射杀之。在昆仑虚东。羿持弓矢，凿齿持盾，一曰戈。

后羿与凿齿在寿华的郊野交战，后羿射死了凿齿。交战的地方在昆仑山东面。后羿手持弓箭，凿齿手持盾牌。另一说法称凿齿拿的是戈。

凿齿

海外经　Overseas Classic

辽版山海经图说　The Classic of Mountains and Seas (Liao Dynasty Edition)

三首国

三首国

San shou guo

海外经 Overseas Classic

《海外南经》：三首国在其东，其为人一身三首。一曰在凿齿东。

三首国在它的东面，那里的人长着一个身子、三个脑袋。另一说法称三首国在凿齿东面。

长臂国

Chang bi guo

《海外南经》：长臂国在其东，捕鱼水中，两手各操一鱼。一曰在焦侥东，捕鱼海中。

长臂国在周饶国的东面，那里的人在水里捕鱼，两只手各抓一条鱼。另一说法称长臂国在焦侥国东面，那里的人在海里捕鱼。

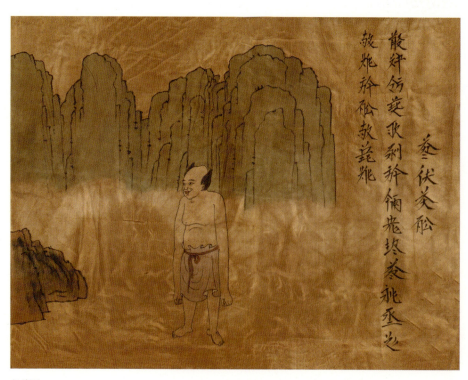

长臂国

《海外南经》：南方祝融，兽身人面，乘两龙。

南方之神祝融，长着野兽的身子、人的面孔，出入驾驭两条龙。

祝融

三身国

三身国

San shen guo

海外经 Overseas Classic

《海外西经》：三身国在夏后启北，一首而三身。

三身国在夏后启的北面，那里的人长着一个脑袋、三个身子。

一臂国

Yi bi guo

《海外西经》: 一臂国在其北, 一臂、一目、一鼻孔。有黄马, 虎文, 一目而一手。

　　一臂国在三身国的北面, 那里的人只有一只手臂、一只眼睛、一个鼻孔。有一种黄色的马, 身上有老虎一样的斑纹, 只长了一只眼睛和一条前腿。

一臂国

奇肱国

Qi gong guo

《海外西经》：奇肱（音工）之国在其北。其人一臂三目，有阴有阳，乘文马。有鸟焉，两头，赤黄色，在其旁。

奇肱国在一臂国的北面。那里的人只有一只手臂、三只眼睛，眼睛分阴眼和阳眼。他们出入时骑着有老虎斑纹的黄马。有一种赤黄羽毛的双头鸟，陪伴在他们左右。

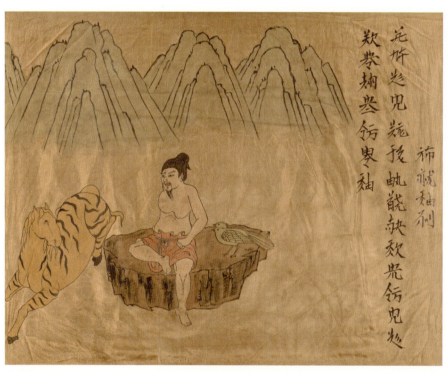

奇肱国

刑天

Xing tian

《海外西经》：形天与帝至此争神，帝断其首，葬之常羊之山，乃以乳为目，以脐为口，操干戚以舞。

刑天与黄帝征战，战败，黄帝砍掉刑天的脑袋，把它埋葬在常羊山。失去脑袋的刑天把双乳当作眼睛，把肚脐当作嘴巴，挥舞着盾牌和战斧，继续战斗。

海外经 Overseas Classic

刑天

丈夫国

Zhang fu guo

《海外西经》：丈夫国在维鸟北，其为人衣冠带剑。

丈夫国在维鸟的北面，那里的人衣冠整齐，并且佩戴一把剑。

丈夫国

辽版山海经图说 The Classic of Mountains and Seas (Liao Dynasty Edition)

女丑尸

女丑尸

Nv chou shi

海外经 Overseas Classic

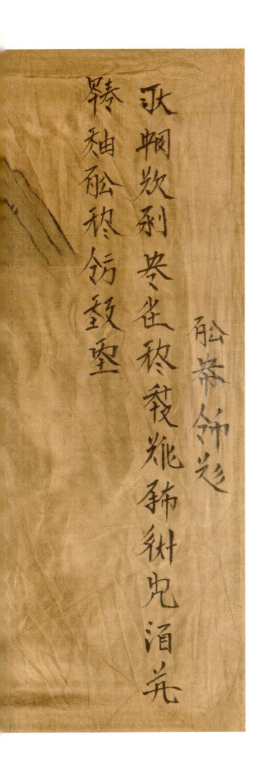

《海外西经》：女丑之尸，生而十日炙杀之。在丈夫北。以右手鄣（音张）其面。十日居上，女丑居山之上。

有女丑的尸体，她生前被十个炙热的太阳烤死了。女丑尸在丈夫国的北面，她用右手遮挡住自己的脸。十个太阳高高挂在天上，女丑的尸体在山上。

并封

Bing feng

《海外西经》：并封在巫咸东，其状如彘，前后有首，黑。

在巫咸国的东面有一种名叫并封的野兽，它的外形像猪，身体的前后各有一个脑袋，全身黑色。

并封

轩辕国

《海外西经》：轩辕之国在此穷山之际，其不寿者八百岁。在女子国北，人面蛇身，尾交首上。

轩辕国在穷山的边上，那里算不上长寿的人都能活到八百岁。轩辕国在女子国北面，当地人长着人的面孔、蛇的身子，尾巴盘绕在头顶上方。

轩辕国

沃民

Wo min

沃民

《海外西经》：此诸夭（音卧）之野，鸾鸟自歌，凤鸟自舞。凤凰卵，民食之；甘露，民饮之，所欲自从也。百兽相与群居。在四蛇北。其人两手操卵食之，两鸟居前导之。

有个叫沃野的地方，鸾鸟在那里自由自在地歌唱，凤鸟在那里无拘无束地跳舞。沃民国的人吃凤凰生的蛋，喝天上降下的甘露，所有的愿望都能实现，各种野兽都能和沃民在一起生活。沃野在轩辕丘的四条蛇的北面，那里的人手里拿着凤凰蛋在吃，有两只鸟在他们前面引路。

龙鱼

龙鱼

《海外西经》：龙鱼陵居在其北，状如狸。一曰鰕（音虾）。即有神圣乘此以行九野。一曰鳖鱼在夭野北，其为鱼也如鲤。

　　龙鱼生活在它北面的山坡陆地，外形像鲤鱼，也有人说它像娃娃鱼。经常有神明骑着龙鱼在九州的大地上巡游。另一说法称龙鱼为鳖鱼，生活在沃野的北面，外形看上去很像鲤鱼。

白民国 乘黄

Bai min guo Cheng huang

白民国

乘黄

《海外西经》：白民之国在龙鱼北，白身被发。有乘黄，其状如狐，其背上有角，乘之寿二千岁。

白民国在龙鱼的北面，那里的人全身雪白，披散着头发。有一种叫乘黄的野兽，外形像狐狸，背上却长有角，骑上它可以活到两千岁。

肃慎国

《海外西经》：肃慎之国在白民北，有树名曰雄常，先入伐帝，于此取之。

肃慎国在白民国北面，那里有一种雄常树，一旦有圣人出现，人们就会取雄常树的树皮来做衣服。

肃慎国

长股国

Chang gu guo

《海外西经》：长股之国在雄常北，被发。一曰长脚。

长股国在雄常国的北面，那里的人都披散着头发。另一说称长脚国。

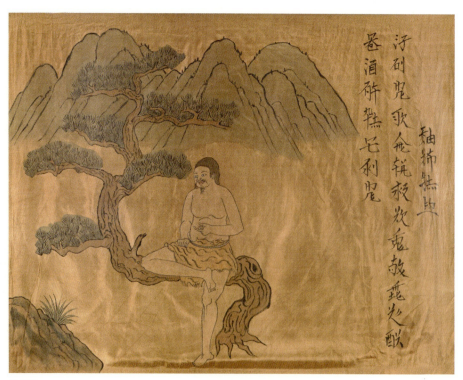

长股国

蓐收

《海外西经》：西方蓐收，左耳有蛇，乘两龙。

西方之神蓐收，他的左耳上装饰着一条蛇，出行时驾驭两条龙。

蓐收

无臂国

无䏿国

《海外北经》:海外自东北陬至西北陬者。无䏿(音启)之国在长股东,为人无䏿。

海外是指从东北角到西北角所跨越的区域。无䏿国在长股国的东面,那里的人没有子嗣后代。

【注】:无䏿,无启、无继。《博物志·异人》:"无䏿民,居穴食土,无男女,死埋之。其心不朽,百年还化为人。"

烛阴

烛阴

Zhu yin

海外经 Overseas Classic

《海外北经》：钟山之神，名曰烛阴，视为昼，瞑为夜，吹为冬，呼为夏，不饮，不食，不息，息为风，身长千里。在无䏿之东。其为物，人面，蛇身，赤色，居钟山下。

钟山的山神，名叫烛阴，他睁开眼睛就是白天，闭上眼睛就是黑夜，吹口气就是冬天，呼口气就是夏天。他可以不吃不喝不休息，只要他一呼吸就会起大风。他的身长足足有一千里，在无䏿国的东面。烛阴长着人的面孔、蛇的身子，全身赤红色，居住在钟山脚下。

一目国

Yi mu guo

《海外北经》：一目国在其东，一目中其面而居。一曰有手足。

　　一目国在它的东面，那里的人只有一只眼睛，长在脸的中间。另一说法称他们和正常人一样，有双手和双脚。

一目国

柔利国

《海外北经》：柔利国在一目东，为人一手一足，反膝，曲足居上。一云留利之国，人足反折。

柔利国在一目国的东面，那里的人只有一只手和一只脚，膝盖反着长，脚弯曲向上。另一说法称柔利国是留利国，那里的人，脚是反着长的，脚尖朝后。

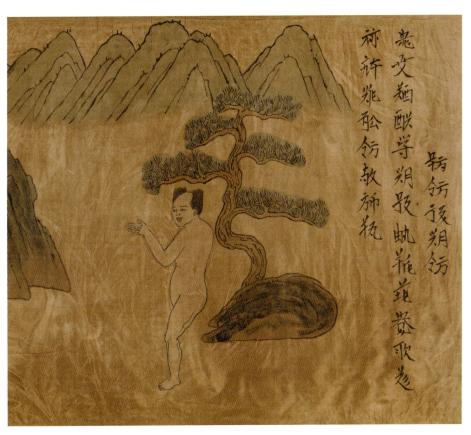

柔利国

相柳

Xiang liu

相柳

《海外北经》：共工之臣曰相柳氏，九首，以食于九山。相柳之所抵，厥为泽溪。禹杀相柳，其血腥，不可以树五谷种。禹厥之，三仞三沮，乃以为众帝之台。在昆仑之北，柔利之东。相柳者，九首人面，蛇身而青。不敢北射，畏共工之台。台在其东，台四方，隅有一蛇，虎色，首冲南方。

共工有一个臣子叫相柳氏，他有九个脑袋，在九座山上寻觅食物。相柳氏经过的地方，都被他的身体掘成了沟壑或者变成了水坑。大禹杀掉相柳氏，他的血腥臭无比，渗进泥土里，树木和五谷庄稼都不能生长。大禹把这些泥土挖掘出来填到别的地方，结果填埋三次、塌方三次，最后只好用这些泥土给众天帝建造了一个帝台，位置就在昆仑山的北面、柔利国东面。相柳，长着青绿色的蛇身，有九个脑袋，每个脑袋都有一张人的面孔。那些射箭的人因为敬畏共工的帝台，不敢朝北方射箭。帝台在相柳的东面，造型是方的，每个角有一条蛇把守，蛇身有老虎一样的斑纹，蛇头冲着南方。

深目国

《海外北经》：深目国在其东，为人举一手一目，在共工台东。

深目国在相柳氏的东面，那里的人只有一只眼睛，总是举着一只手。传说深目国在共工台的东面。

【注】郭璞《图赞》："深目类胡，但口绝缩。"由此推断，深目国可能是胡人。

深目国

聂耳国

聂耳国

She er guo

海外经 Overseas Classic

《海外北经》：聂（音摄）耳国在无肠国东，使两文虎，为人两手聂其耳。县居海水中，及水所出入奇物。两虎在其东。

聂耳国在无肠国的东面，那里的人驱使两只花斑老虎，他们用两只手抓住自己的耳朵。聂耳国的人居住在海中的孤岛上，捕捞各种奇怪的海产，有两只老虎守候在它的东面。

夸父逐日

Kua fu zhu ri

《海外北经》：夸父与日逐走，入日。渴欲得饮，饮于河渭，河渭不足，北饮大泽，未至，道渴而死。弃其杖，化为邓林。

夸父追赶太阳，快追上的时候，他口渴万分，想喝水，于是跑到黄河、渭河，把这两条河的水都喝干了还不解渴，又继续跑到北面的大泽去喝水。还没到大泽，渴死途中。死之前，夸父扔掉自己的手杖，手杖落地后变成一片桃林。

夸父逐日

拘缨国

《海外北经》：拘缨（音影）之国在其东，一手把缨。一曰利缨之国。

拘缨国在积石国的东面，那里的人用手托着脖子上的肉瘤。另一说法称拘缨国是利缨国。

拘缨国

禺彊

Yu qiang

北方禺彊（音强），人面鸟身，珥两青蛇，践两青蛇。

北方有个神人叫禺彊，长着人的面孔、鸟的身子，耳朵上装饰着两条蛇，脚下踩着两条蛇。

海外经 Overseas Classic

禺彊

奢比尸

She bi shi

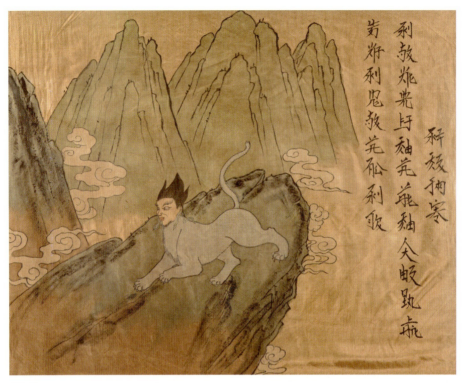

奢比尸

《海外东经》：奢比之尸在其北，兽身、人面、大耳，珥两青蛇。一曰肝榆之尸在大人北。

奢比尸在大人国的北面，它长着野兽的身子、人的面孔，有两只大耳朵，耳朵上装饰着两条青蛇。另一说法称肝榆尸在大人国北面。

讙讙

Hong hong

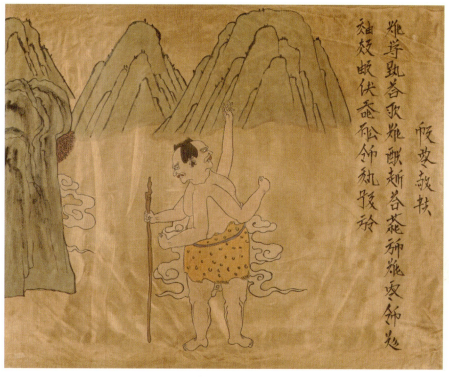

讙讙

海外经 Overseas Classic

讙讙在其北，各有两首。一曰在君子国北。

讙讙在它的北面，那里的人都长有两个脑袋。另一说法称讙讙在君子国的北面。

黑齿国

Hei chi guo

《海外东经》：黑齿国在其北，为人黑，食稻啖蛇，一赤一青，在其旁。

黑齿国在它的北面，那里的人牙齿是黑色的，以稻谷为主食，也吃蛇肉。有一条红蛇和一条青蛇在人的旁边。

黑齿国

天吴

《海外东经》：朝阳之谷，神曰天吴，是为水伯。在虹虹北两水之间。其为兽也，八首人面，八足八尾，皆青黄。

朝阳谷里，有一个叫天吴的神，他就是水神水伯，住在虹虹北面的两条河水之间。他长着野兽的身子，八个脑袋都长着人脸，有八只脚和八条尾巴，都是青黄色的。

天吴

竖亥

Shu hai

《海外东经》：帝命竖亥步，自东极至于西极，五亿十选（音算，量词，万）九千八百步。竖亥右手把算，左手指青丘北。一曰禹令竖亥。一曰五亿十万九千八百步。

天帝命令竖亥用脚步丈量大地，从大地的最东面到最西面，一共五亿十万九千八百步。竖亥右手拿着算筹，左手指向青丘国的北面。另一说法是大禹命令的竖亥。从东到西，一共五亿十万九千八百步。

【注】算：古代计数用的筹码，长六寸。

玄股国

《海外东经》：玄股之国在其北，其为人衣鱼食鸥，使两鸟夹之。一曰在雨师妾北。

玄股国在它的北面，那里的人穿着鱼皮做的衣服，以海鸥为食，有两只鸟在两边供他们驱使。另一说法称玄股国在雨师妾的北面。

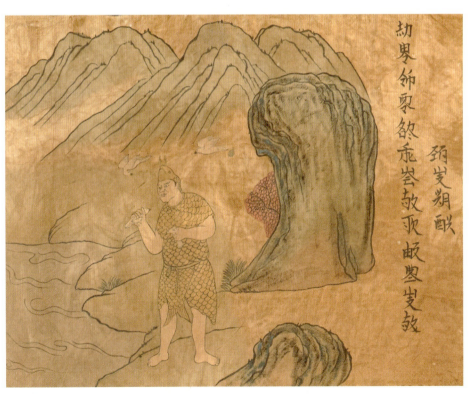

玄股国

毛民国

Mao min guo

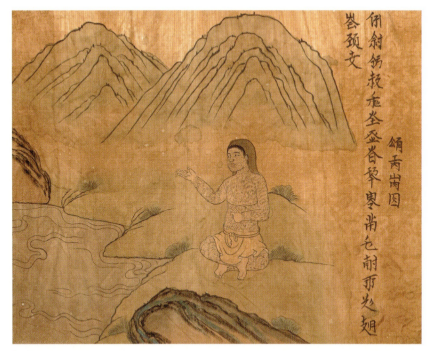

毛民国

《海外东经》：毛民之国在其北。为人身生毛。一曰在玄股北。

毛民国在它的北面。那里的人全身长毛。另一说法称毛民国在玄股国的北面。

句芒

句芒

《海外东经》：东方句（音勾）芒，鸟身人面，乘两龙。

东方之神句芒，长着鸟的身子、人的面孔，出行驾驭两条龙。

The Classic of Mountains and Seas (Liao Dynasty Edition)

Volume 7
Classic of the Sea

第七卷 海内经

枭阳国

Xiao yang guo

《海内南经》：枭阳国在北朐（音渠）之西。其为人人面长唇，黑身有毛，反踵，见人笑亦笑，左手操管。

　　枭阳国在北朐国的西面，那里的人长着人的面孔，嘴唇很长，全身长着黑毛，脚后跟反向长着。他们见别人笑也跟着笑，左手拿一根竹管。

枭阳国

伯虑国

《海内南经》：伯虑国、离耳国、雕题国、北朐国皆在郁水南。郁水出湘陵南海。一曰相虑。

伯虑国、离耳国、雕题国、北朐国都在郁水的南边。郁水发源于湘陵的南海。伯虑国又叫相虑国。

伯虑国

氐人国

Di ren guo

《海内南经》：氐（音低）人国在建木西，其为人人面而鱼身，无足。

氐人国在建木的西面，那里的人长着人的面孔、鱼的身子，没有脚。

氐人国

巴蛇

《海内南经》：巴蛇食象，三岁而出其骨，君子服之，无心腹之疾。其为蛇青、黄、赤、黑，一曰黑蛇青首，在犀牛西。

巴蛇能吞掉一头大象，三年以后才把象骨吐出来。有德行的人吃了巴蛇的肉，心脏和腹部不会得病。巴蛇身上有青、黄、红、黑几种颜色。另一说法称巴蛇的身体是黑色的，脑袋是青色的，它生活在犀牛栖息地的西方。

巴蛇

旄马

旄马

《海内南经》：旄（音毛）马，其状如马，四节有毛。在巴蛇西北，高山南。

旄马，外形像马，四条腿的关节处都有毛。它出没在巴蛇栖息地的西北面，在高山的南面。

贰负臣危

Er fu chen wei

贰负臣危

《海内西经》：贰负之臣曰危，危与贰负杀窫窳。帝乃梏之疏属之山，桎其右足，反缚两手与发，系之山上木。在开题西北。

　　贰负有个臣子叫危，危与贰负一起杀死了窫窳，于是天帝把贰负囚禁在疏属山，并用刑具锁住他的右脚，再把他的双手和头发捆在一起，绑在疏属山上的一棵大树上。囚禁贰负的地方在开题国的西北面。

海内经 Classic of the Sea

开明兽

Kai ming shou

《海内西经》：海内昆仑之虚，在西北，帝之下都。昆仑之虚、方八百里，高万仞。上有木禾，长五寻，大五围。面有九井，以玉为槛。面有九门，门有开明兽守之。百神之所在，在八隅之岩，赤水之际，非仁、羿莫能上冈之岩。昆仑南渊深三百仞。开明兽身大类虎而九首，皆人面，东向立昆仑上。

　　昆仑山在海内的西北面，是黄帝在下界的都城。昆仑山方圆八百里，山高有万仞。山上有一种像树木一样的高大的稻谷，有五寻那么高，需要五个人才能合围起来。昆仑山的每一面都有九眼井，井口都被玉栏杆围起来。昆仑山的每一面都有九道门，每道门都有开明兽把守，因为这里是百神居住的地方。百神住在八方的岩洞里，在赤水河的西岸，除非是后羿那样厚德贤明的人，否则无法攀到山冈的岩石上面去。昆仑山南面有个水潭，水深三百仞有余。开明兽体型巨大，外形像老虎，长着九个脑袋，每个脑袋都长着人的面孔，面朝东站在昆仑山上。

开明兽

蛟 蜼

Jiao Wei

《海内西经》：开明南有树鸟，六首。蛟、蝮、蛇、蜼、豹，鸟秩树，于表池树木；诵鸟、鹞、视肉。

开明兽的南面有树鸟，长着六个脑袋，还有蛟龙、蝮蛇、长尾猴、豹子，更有鸟秩树。那里的树木环绕着水池生长，山里有诵鸟、鹞和视肉等怪兽。

蛟

蜼

西王母

Xi wang mu

《海内北经》：西王母梯几而戴胜杖。其南有三青鸟，为西王母取食。在昆仑虚北。

西王母头戴饰品，倚靠在小桌边上，她的南面有三青鸟，专门为她四处觅食。西王母住在昆仑山北面。

西王母

吉量

《海内北经》：有文马，缟身朱鬣，目若黄金，名曰吉量，乘之寿千岁。

犬封国有一种叫吉量的文马，全身素白，有红色的鬃毛，眼睛像黄金，骑上它，人能活千岁不老。

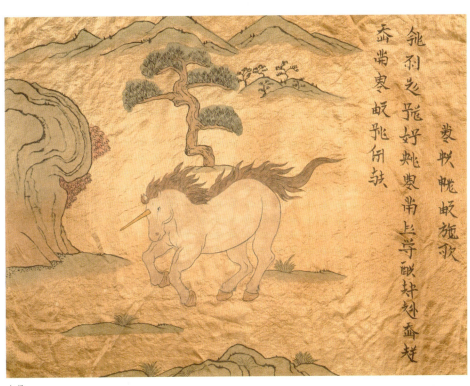

吉量

鬼国

Gui guo

《海内北经》：鬼国在贰负之尸北，为物人面而一目。一曰贰负神在其东，为物人面蛇身。

鬼国在贰负尸体的北面，那里的怪兽长着人的面孔，只有一只眼睛。另一说法称贰负神在鬼国的东面，那里都是人面蛇身的怪兽。

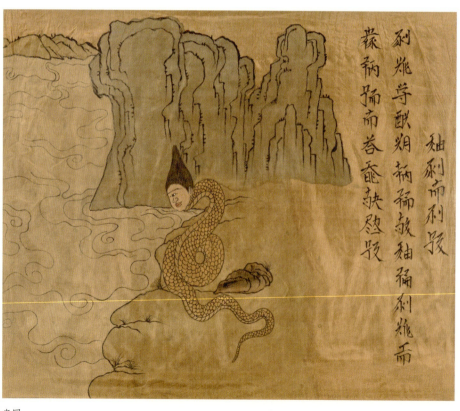

鬼国

蜪犬

《海内北经》：蜪（音淘）犬如犬，青，食人从首始。

蜪犬长得像狗，全身青色，吃人的时候喜欢从头开始吃。

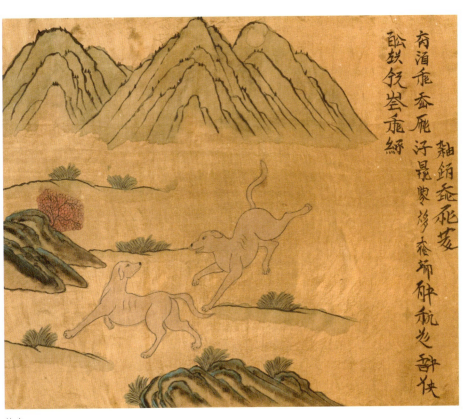

蜪犬

穷奇

Qiong qi

《海内北经》：穷奇状如虎，有翼，食人从首始。所食被发。在蜪犬北。一曰从足。

　　穷奇外形长得像老虎，有翅膀，吃人的时候从头开始吃，被吃的人披头散发。穷奇出没在蜪犬的北边。另一说法称穷奇吃人从脚开始吃。

穷奇

蛟

Jiao

蛟

《海内北经》：蛟（音角），其为人虎文，胫有腎，在穷奇东。一曰状如人，昆仑虚北所有。

有被称作蛟的人，他们长着人的身子，身上有虎纹，小腿肌肉很发达。蛟生活在穷奇的东面。另一说法是蛟的外形像人，是昆仑山北面特有的物种。

阘非

Ta fei

阘非

《海内北经》：阘（音踏）非，人面而兽身，青色。

阘非，长着人的面孔、野兽的身子，全身青色。

环狗

Huan gou

《海内北经》：环狗，其为人兽首人身。一曰猬（音畏）状如狗，黄色。

环狗，是一种兽面人身的野兽。另一说法称环狗外形像刺猬，又像狗，全身黄色。

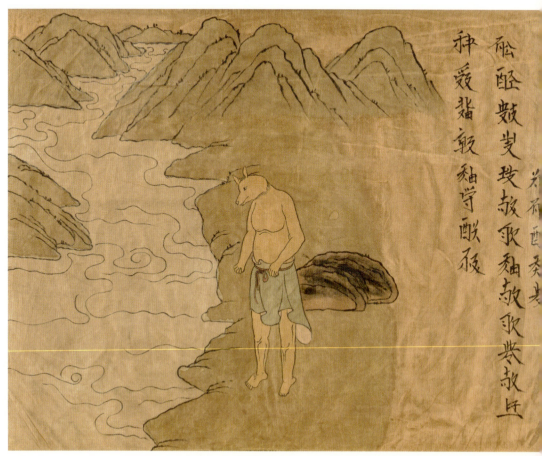

环狗

驺吾

《海内北经》：林氏国有珍兽，大若虎，五采毕具，尾长于身，名曰驺（音邹）吾，乘之日行千里。

林氏国有一种叫驺吾的珍奇的野兽，体形像老虎一样大小，身上有五彩的斑纹，尾巴比身子还要长，骑上它可以日行千里。

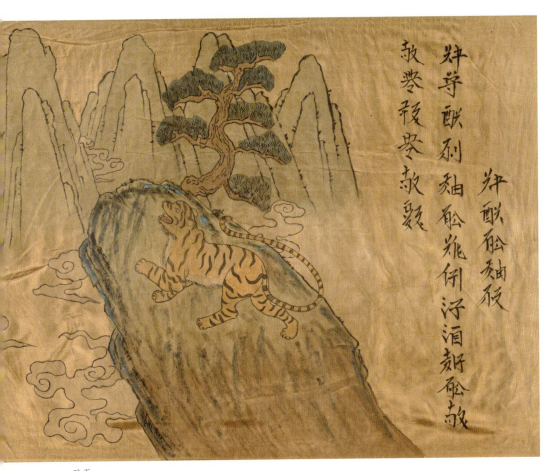

驺吾

陵鱼

Ling yu

《海内北经》：陵鱼人面，手足，鱼身，在海中。

陵鱼长着人的面孔、鱼的身子，有着和人一样的手和脚，它生活在海里。

陵鱼

夷人

《海内西经》：夷人在东胡东。

夷人国在东胡国的东边。

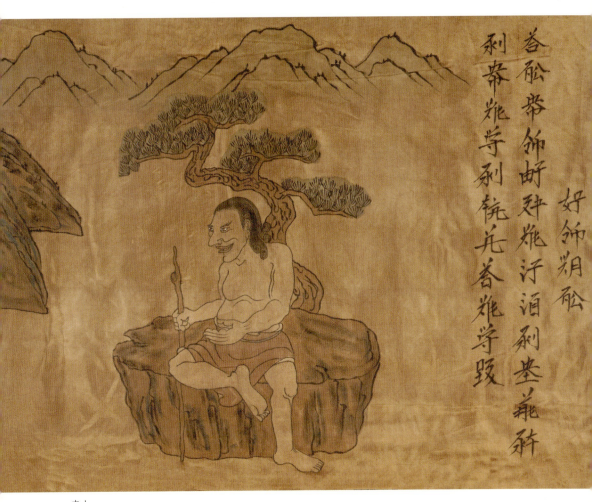

夷人

韩流

Han liu

韩流

《海内经》：流沙之东，黑水之西，有朝云之国、司彘之国。黄帝妻雷祖生昌意。昌意降处若水，生韩流。韩流擢首、谨耳、人面、豕喙、麟身、渠股、豚止，取淖子曰阿女，生帝颛顼。

在流沙的东面，黑水的西岸，有个朝云国和司彘国。黄帝的妻子雷祖，生育了昌意，昌意从天宫下凡到人间并在若水生下了韩流。韩流长着长长的脑袋、细小的耳朵，有一张人的面孔、猪的嘴巴，身上长满鳞片，罗圈腿，脚像猪蹄一样。韩流娶了淖子氏的女儿阿女为妻，生下了颛顼。

蜪蛇

Ru she

海内经 Classic of the Sea

蜪蛇

《海内经》：有禺中之国。有列襄之国。有灵山，有赤蛇在木山，名曰蜪（音如）蛇，木食。

海内有一个禺中国，还有一个列襄国。有一座灵山，山里的树上有一种蜪蛇的怪兽，身体是红色的，以树叶为食。

鸟氏

Niao shi

《海内经》：有盐长之国。有人焉鸟首，名曰鸟氏。

海内有一个盐长国，那里的人，长着鸟的脑袋，被称作鸟氏。

鸟氏

黑人

《海内经》：又有黑人，虎首鸟足，两手持蛇，方啖（音淡）之。

海内有一个黑人，长着老虎的脑袋、鸟一样的双脚，它两手抓着蛇，正准备吃掉。

黑人

嬴民

Ying min

嬴民

《海内经》：有嬴（音迎）民，鸟足。有封豕。

有一个嬴民国，那里的人都长一双鸟一样的脚。嬴民国还有一种大野猪。

延维

Yan wei

海内经 Classic of the Sea

延维

《海内经》：有人曰苗民。有神焉，人首蛇身，长如辕，左右有首，衣紫衣，冠旃（音沾）冠，名曰延维，人主得而飨食之，伯天下。

有一群人叫苗民。有一个叫延维的神，长着人的脑袋、蛇的身子，蛇身有车辕那么长，左右各有一个脑袋。它穿着紫色的衣服，戴着红色的帽子，如果有君主得到它，向它行飨食之礼，就可以得到天下。

玄豹

Xuan bao

《海内经》：北海之内，有山，名曰幽都之山，黑水出焉。其上有玄鸟、玄蛇、玄豹、玄虎、玄狐蓬尾。

在北海之内，有一座幽都山，黑水发源于这里。幽都山上有玄鸟、玄蛇、玄豹、玄虎等，玄狐的大尾巴非常蓬松。

【注】："玄豹即元豹，是一种珍兽。玄豹又称黑豹，虎身白点。"（马昌仪《古本山海经图说》1085 页）

玄豹

钉灵国

《海内经》：有钉灵之国，其民从膝以下有毛，马蹄，善走。

海内有一个钉灵国，那里的人从膝盖以下有毛，长了一对马一样的蹄子，善于奔跑。

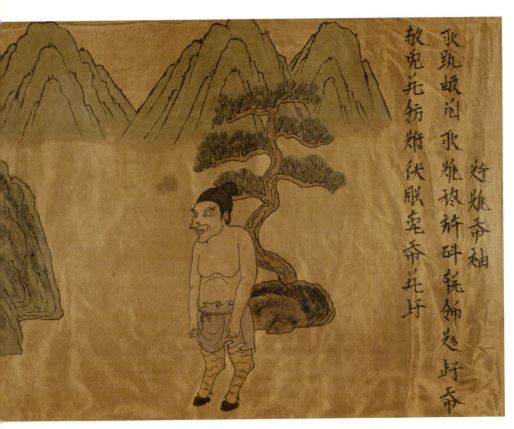

钉灵国

The Classic of Mountains and Seas (Liao Dynasty Edition)

Volume 8

Classic of Great Wilderness

第八卷 大荒经

犁䰞之尸

Li ling zhi shi

《大荒东经》：有神，人面兽身，名曰犁䰞（音零）之尸。

有一个叫犁䰞的神，他长着人的面孔、兽的身子。

犁䰞之尸

王亥

《大荒东经》：有困民国，勾姓而食。有人曰王亥，两手操鸟，方食其头。王亥托于有易、河伯仆牛。有易杀王亥，取仆牛。河伯念有易，有易潜出，为国于兽，方食之，名曰摇民。帝舜生戏，戏生摇民。

　　有困民国，那里的人都姓勾，以黍米为食。困民国有一个叫王亥的人，手里抓着两只鸟，正在把鸟头往嘴里塞。王亥把一群牛托付给有易和河伯去放牧，有易却杀死了王亥，并抢占了王亥的牛。河伯因为与有易有旧交，就帮助有易逃到一个有野兽的地方，有易在那里建立了一个新的国家，这个以吃野兽为生计的民族就叫作摇民。戏是舜帝的后裔，摇民是戏的后裔。

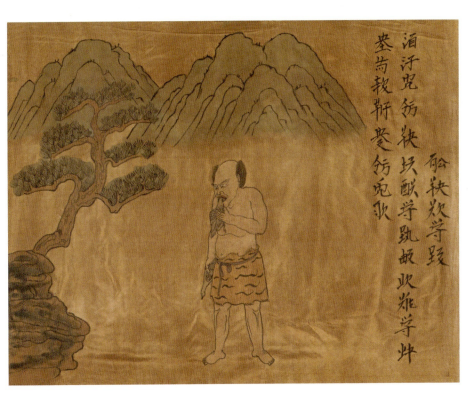

王亥

应龙

应龙

Ying long

大荒经 Classic of Great Wilderness

《大荒东经》：大荒东北隅中，有山名曰凶犁土丘。应龙处南极，杀蚩尤与夸父，不得复上，故下数旱。旱而为应龙之状，乃得大雨。

大荒东北角有一座山叫凶犁土丘，应龙住在这座山的最南边。因为他杀死了蚩尤与夸父，不能回到天界去，所以下界连续几年全是旱灾。每当遇到旱情时，人们就会装扮成应龙的样子求雨，然后就会天降大雨。

夔

Kui

《大荒东经》：东海中有流波山，入海七千里。其上有兽，状如牛，苍身而无角，一足，出入水则必风雨，其光如日月，其声如雷，其名曰夔（音葵）。黄帝得之，以其皮为鼓，橛以雷兽之骨，声闻五百里，以威天下。

  东海中有一座流波山，在深入东海七千里的地方。山上有一种叫夔的野兽，外形像牛，身子是青色的，头上无角，只有一条腿。它出入水中必然伴有风雨。夔身上发出的光像太阳和月亮一样耀眼，它的叫声像雷声一样响亮。黄帝得到它以后，用它的皮做成鼓，并用野兽的骨头来敲打，鼓声响彻五百里以外，威震天下。

跦踢

双双

跱踢 双双

Chu ti Shuang shuang

大荒经 Classic of Great Wilderness

《大荒南经》：南海之外，赤水之西，流沙之东，有兽，左右有首，名曰跱（音触）踢。有三青兽相并，名曰双双。

在南海之外，赤水西边、流沙的东边，有一种叫跱踢的野兽，它的左右各长一个脑袋。还有一种三只青首合体的野兽，名叫双双。

盈民国

Ying min guo

《大荒南经》：有盈民之国，於姓，黍食。又有人方食木叶。

有个盈民国，那里的人姓於，以黍米为主食。又有人正在吃树叶。

盈民国

不廷胡余

Bu ting hu yu

《大荒南经》：南海渚中，有神，人面，珥两青蛇，践两赤蛇，曰不廷胡余。

在南海的岛屿上，有一个叫不廷胡余的神人，他长着人的面孔，耳朵上装饰着两条青蛇，脚下踩着两条红蛇。

不廷胡余

蜮人

Yu ren

蜮人

《大荒南经》：有蜮（音玉）山者，有蜮民之国，桑姓，食黍，射蜮是食。有人方扞（音淤）弓射黄蛇，名曰蜮人。

有一座蜮山，那里有一个蜮民国，蜮民国的人都姓桑，他们以黍米为食，也会把蜮（像鳖的动物）作为食物。有个人正在拉弓射黄蛇，他就是蜮人。

祖状之尸

Zu zhuang zhi shi

祖状之尸

《大荒南经》：有人方齿虎尾，名曰祖状之尸。

有一个人正在咬着老虎的尾巴，他的名字叫祖状之尸。

张弘国

Zhang hong guo

《大荒南经》：有人名曰张弘，在海上捕鱼。海中有张弘之国，食鱼，使四鸟。

有个人名叫张弘，正在海上捕鱼。海中有个张弘国，那里的人以捕食鱼类为生，他们已经会驯服或驾驭四种野兽。

张弘国

驩头国

Huan tou4 guo

《大荒南经》：有人焉，鸟喙，有翼，方捕鱼于海。大荒之中，有人名曰驩（音欢）头。鲧（音滚）妻士敬，士敬子曰炎融，生驩头。驩头人面鸟喙，有翼，食海中鱼，杖翼而行。维宜芑、苣，穋（音录）、杨是食。有驩头之国。

有一个叫驩头的人，他长着鸟的嘴巴，有一双翅膀，正在海中捕鱼。鲧的妻子叫士敬，士敬的儿子叫炎融，炎融又生了驩头。驩头长着人的面孔、一张鸟一样的嘴巴、一对翅膀，以在海里捕鱼为生，他用翅膀支撑着走路。平时也会把枸杞、莴苣、穋和杨树叶当作食物。于是有驩头国。

驩头国

羲和浴日

Xi he yu ri

《大荒南经》：东南海之外，甘水之间，有羲和之国。有女子名曰羲和，方日浴于甘渊。羲和者，帝俊之妻，生十日。

在东南面的海外，甘水之间，有个羲和国。有一个叫羲和的女子，正在甘渊中给太阳洗澡。羲和是帝俊的妻子，她生育了十个太阳。

羲和浴日

不周山两黄兽 共工怒撞不周山

Bu zhou shan liang huang shou
Gong gong nu zhuang bu zhou shan

大荒经 Classic of Great Wilderness

《大荒西经》：西北海之外，大荒之隅，有山而不合，名曰不周山，有两黄兽守之。有水曰寒暑之水。水西有湿山，水东有幕山。有禹攻共工国山。

在西北的海外，大荒的一个角落，有一座断裂无法合拢的山，名叫不周山，有两只黄兽守卫着它。山中有一条寒暑水，水的西边是湿山，东边是幕山。旁边还有一座大禹曾经攻打的共工国山。

【注】不周，就是不周山。传说共工与颛（音专）项（音需）争夺帝位时，共工怒撞不周山，把山撞断了，导致山体残缺而不能合拢，因此得名不周山。

不周山两黄兽

共工怒撞不周山

女娲

Nü wa

《大荒西经》：有神十人，名曰女娲之肠，化为神，处栗广之野，横道而处。

有十个神人，号称是女娲的肠子变成的，他们居住在有大片庄稼的郊野外，喜欢像肠子一样横躺在道路上。

女娲

石夷

Shi yi

《大荒西经》：有人名曰石夷，来风曰韦，处西北隅以司日月之长短。

有一个叫石夷的人，西方称他为夷，从北边吹来的风称作韦，石夷居住在大地的西北角，负责掌管日月运行时间的长短。

石夷

女子国

女子国

Nü zi guo

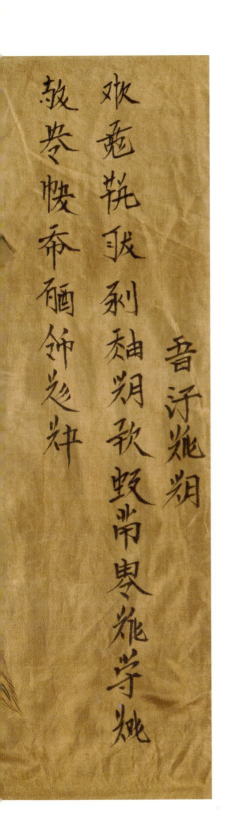

大荒经 Classic of Great Wilderness

《大荒西经》：有女子之国。

大荒之中，有一个女子国。

嘘

Xu

《大荒西经》：大荒之中，有山名曰日月山，天枢也。吴姖（音巨）天门，日月所入。有神，人面无臂，两足反属（音煮）于头上，名曰嘘。

大荒之中，有一座日月山，是通往天庭的交通枢纽。吴姖天门，是太阳和月亮降落的地方。有一个神，他长着人一样的面孔，却没有手臂，两只脚反转连到头顶。他的名字叫嘘。

嘘

屏蓬

Ping peng

《大荒西经》：有兽，左右有首，名曰屏蓬。

有一种叫屏蓬的野兽，它的身体左右各有一个脑袋。

屏蓬

天犬

天犬

Tian quan

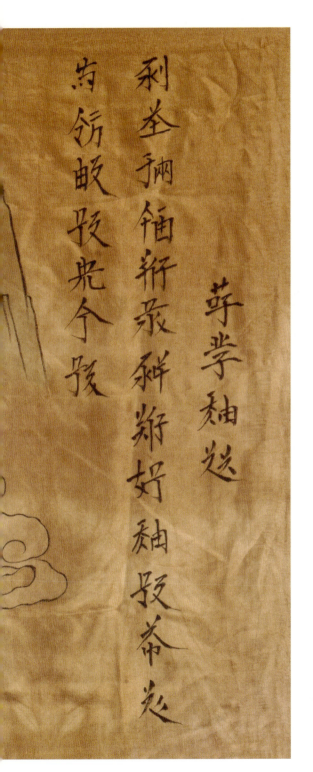

《大荒西经》：有赤犬，名曰天犬，其所下者有兵。

有一种红色的狗，叫天犬，它从天界下到凡间，它下来的地方就会有战争发生。

大荒经 Classic of Great Wilderness

夏耕尸

Xia geng shi

夏耕尸

《大荒西经》：有人无首，操戈盾立，名曰夏耕之尸。故成汤伐夏桀于章山，克之，斩耕厥前。耕既立，无首，走厥咎，乃降于巫山。

有一个人叫夏耕尸，他没有脑袋，手持长矛和盾牌站在那里。成汤在章山讨伐夏桀的时候，战胜了夏桀，当着夏桀的面砍掉了夏耕的脑袋。

吴回

Wu hui

大荒经 Classic of Great Wilderness

吴回

《大荒西经》：有人名曰吴回，奇左，是无右臂。

有一个叫吴回的人，只有一只左臂，没有右臂。

夏后开

Xia hou kai

夏后开

《大荒西经》：西南海之外，赤水之南，流沙之西，有人珥两青蛇，乘两龙，名曰夏后开。开上三嫔于天，得《九辩》与《九歌》以下。此天穆之野，高二千仞，开焉得始歌《九招》。

在西南海之外，赤水南面，流沙的西面，有一个人叫夏后开，他的耳朵上装饰着两条青蛇，出行驾驭两条龙。夏后开曾经三次被邀请到天帝那里做客，他把天宫的乐曲《九辩》与《九歌》带到凡间。天穆山高两千仞，就在天穆山的郊野，夏后开开始组织奏唱《九招》。

【注】：夏后开就是夏后启，为了避汉景帝刘启的讳，改启为开。

鱼妇

Yu fu

大荒经 Classic of Great Wilderness

《大荒西经》：有鱼偏枯，名曰鱼妇，颛顼死即复苏。风道北来，天乃大水泉，蛇乃化为鱼，是为鱼妇。颛顼死即复苏。

有一种叫鱼妇的鱼，半边身子是干枯的，据说是颛顼死后复生变成的。风从北方吹来，天降大雨如同泉涌，蛇在此时化为鱼，颛顼借此鱼身死而复生。

䳐鸟

Chu niao

《大荒西经》：有青鸟，身黄，赤足，六首，名曰䳐（音处）鸟。

　　有一种鸟，身子黄色，爪子红色，有六个脑袋，名叫䳐鸟。

䳐鸟

琴虫

Qin chong

《大荒北经》：大荒之中，有山名曰不咸。有肃慎氏之国。有蜚蛭，四翼。有虫，兽首蛇身，名曰琴虫。

大荒中有一座不咸山，还有一个肃慎氏国。有一种叫蜚蛭的怪物，长着四只翅膀。有一种长着兽头蛇身的蛇，它的名字叫琴虫。

琴虫

北齐之国

Bei qi zhi guo

《大荒北经》：有北齐之国，姜姓，使虎、豹、熊、罴。

大荒中有个北齐国，国里的人都姓姜，他们已经能驯服和驱使虎、豹、熊、罴四种野兽。

北齐之国

牛黎国

Niu li guo

《大荒北经》：有牛黎之国。有人无骨，儋耳之子。

有个牛黎国。这个国家的人身体柔软，像没有骨头一样，他们是儋耳国人的后裔。

牛黎国

猎猎

Lie lie

《大荒北经》：有叔歇（音处）国、颛顼之子，黍食，使四鸟：虎、豹、熊、罴。有黑虫如熊状，名曰猎猎。

有个叔歇国，那里的人是颛顼的后裔，他们以黄米为主食，能够驯服和驱使老虎、豹子、熊和罴。有样子像熊的黑虫，名叫猎猎。

猎猎

九凤

九凤 彊良

Jiu feng Qiang liang

《大荒北经》：大荒之中，有山名曰北极天柜（音愧），海水北注焉。有神，九首人面鸟身，名曰九凤。又有神，衔蛇操蛇，其状虎首人身，四蹄长肘，名曰彊良。

在大荒之中有一座山叫北极天柜，海水从北面灌入山中。山里有一个叫九凤的神，长着鸟的身子、九个脑袋、人的面孔。还有一个叫彊良的神，长着老虎的头、人的身子，嘴里衔一条蛇，手里也抓着蛇。

大荒经 Classic of Great Wilderness

彊良

蚩尤

Chi you

《大荒北经》：蚩尤作兵伐黄帝，黄帝乃令应龙攻之冀州之野。应龙畜水，蚩尤请风伯雨师，纵大风雨。黄帝乃下天女曰魃，雨止，遂杀蚩尤。

　　蚩尤起兵攻打黄帝的时候，黄帝让应龙在冀州的郊野迎战蚩尤。应龙负责储存水，蚩尤请来了风伯和雨师，做法兴起狂风暴雨。于是黄帝派天女魃下到凡间，止住狂风暴雨，随后杀死蚩尤。

蚩尤

白犬 戎宣王尸

《大荒北经》：大荒之中，有山名曰融父山，顺水入焉。有人名曰犬戎。黄帝生苗龙，苗龙生融吾，融吾生弄明，弄明生白犬，白犬有牝牡，是为犬戎，肉食。有赤兽，马状，无首，名曰戎宣王尸。

在大荒之中，有一座融父山，顺水流入此山，这里生活着一群叫犬戎的人。苗龙是黄帝的后裔，融吾是苗龙的后裔，弄明是融吾的后裔，白犬是弄明的后裔。白犬是雌雄同体的人种，他们以肉为食物。有一种红色的野兽，外形像马，却没有脑袋，名字叫戎宣王尸。

白犬

戎宣王尸

少昊之子

Shao hao zhi zi

少昊之子

《大荒北经》：有人一目，当面中生，一曰是威姓，少昊之子，食黍。

在大荒中有一个人，他只有一只眼睛，长在脸的正中间，传说他姓威，是少昊的后裔，以黍米为主食。

犬戎

Quan rong

大荒经 Classic of Great Wilderness

犬戎

《大荒北经》：有国名曰赖丘。有犬戎国。有神，人面兽身，名曰犬戎。

大荒之中有一个赖丘国，还有一个犬戎国。犬戎国有一位叫犬戎的神，他长着人的面孔、野兽的身子。

苗民

Miao min

苗民

《大荒西经》：西北海外，黑水之北，有人有翼，名曰苗民。颛顼生骓头，骓头生苗民，苗民厘姓，食肉。有山名曰章山。

在西北海的外面，黑水以北，有一个身上长着翅膀的民族，叫苗民。颛顼生了骓头，苗民是骓头的后裔，苗民都姓厘，以肉食为生。这里有一座山叫章山。

与马昌仪先生探讨《辽版山海经图说》

在宋兆麟先生的悉心指导下，2018年底，我们完成了《辽版山海经图说》的整理工作。我们就整理过程中遇到的一些问题，请教了该领域的泰斗——中国社会科学院的马昌仪先生。

2019年1月14日，我们一行五人跟随宋兆麟先生及清华大学出版社的张立红老师来到马先生家里进行拜访，就我们困惑的几个问题请教马先生。之后又跟宋、马两位学界泰斗进行了深入的探讨。

有两个困惑我的问题：一是为什么契丹辽国会保留如此完整的、图文并茂的《山海经》图画，而且是等级很高的丝绸帛画？二是自古以来《山海经》在中国的历朝历代究竟居于怎样的地位，应该怎样评价它？

张立红老师也提出了她的疑问：一是为什么漫漫历史长河中，之前我们只看到明清时代留下的《山海经》图？二是《山海经》究竟是不是神话？

作为中国民俗学考古泰斗，宋兆麟先生认为，因为辽国处在北方草原丝绸之路的地理位置以及游牧民族自身的特性，辽国跟中原王朝一直有着千丝万缕的联系与纠葛。虽然辽人一直骚扰大宋的边境，并掠夺财物，但是，他们对中原先进的汉文化有着不可抑制的仰慕之情，根据古代文字记录以及文学作品，我们很容易发现，契丹贵族们被汉文化所征服，并且不遗余力地效仿。

辽国崛起后，幅员广大，国力雄厚。出于对外交往的需要，他们不仅吸收西亚、中亚等地的文化，对中原汉文化各种历史和文化典籍掠夺、收集、效仿的数量与质量都是相当惊人的。所有这些在客观与事实上为我们研究历史和传统文化提供了极其珍贵的史料。

马昌仪先生则从比较学的角度阐述了各个时期人们如何根据《山海经》的经文绘制了《山海经》图画。遗憾的是，上古时期的古图早已无法见到，就连曾被记录的晋代、宋代绘制的《山海经》图也已遗失。清代注家郝懿行认为明清时期的《山海经》图与晋代、宋代已有所不同，所以，马先生认为前几个朝代古图的遗失给我们了解和研究《山海经》造成了很多的困难，学者们只能从可以见到的明代两种《山海经》图本着手，尽可能地修复《山海经》图的传承链条。马先生说虽然她不是搞文物鉴定的，但是，她不能否认每个历史时期记录同一个事物的可能性。单从保护和抢救历史文献的角度看，将这些契丹文《山海经》帛画出版无疑是很好的选择。马老师的建议令张立红老师心里的石头落了地，同时，马老师也回答了她的第二个疑问，她对把《山海经》当作神话的学术观点持保留态度，这和张老师的观点不谋而合，张老师非常欣喜。

针对张立红老师的第一个问题，几位老师一致认为这是一个需要在收集《山海经》资料、出版《山海经》的研究和挖掘成果、举办《山海经》研讨会、《山海经》画展等过程中长期思考和探索的问题。

而这套辽版《山海经》图的出现，事实上在明清与宋辽之间搭起了一条研究《山海经》古图的基因链。我们通过跟明清多种版本图录的仔细对照，再根据经文的内容反复推敲之后，查阅了大量的资料，完成了从内容到艺术表现等方面的逻辑自洽，也是回答张立红老师第一个问题的一种方式。

与马昌仪老师的讨论对我们启发很大。看到我们的收藏与研究，马先生也非常重视，她后来委托宋兆麟先生把她毕生研究《山海经》图的全部手稿留给了我们，希望年轻的一代可以传承她的衣钵，把古本《山海经》图的整理和出版工作坚持下去。她希望未来我们能建一个以"山海经"为主题的博物馆，让全世界的人了解中国的《山海经》。

陈馨

《山海经》是问题之书：中国人的科学精神源泉

《山海经》真实吗？《山海经》科学吗？为什么《山海经》里神兽的古画形象又凶又丑？

因为《山海经》而产生了《天问》，还是因为《天问》而产生了《山海经》？

热爱《山海经》的画家们，在绘画山海图时，可曾与原始图的读者——陶渊明"沟通"？

《山海经》是答案之书吗？

流传至今的《山海经》版本，确实不是古人幼稚的想象，是治学严谨的宗室大臣刘向父子奉皇命，历时 20 多年，呕心沥血搜寻、研究和审校先秦古籍，最终不辱使命整理而成的。这一版《山海经》，可以说是中国古代国家级文化工程的成果。

博览古籍的学者偶尔会发现古人遇到神奇事物后在《山海经》中找到答案的记录。当代考古挖掘也发现了《山海经》的记录比《史记》更可信的依据（见焕彩光华版《山海经》）。到了当代，美国学者亨丽埃特·墨茨（Henriette Mertz）博士踏遍群山，找到了和《山海经》记录相吻合的地理风貌。

即便如此，许多善于答疑解惑的古贤对存疑甚多的《山海经》避之唯恐不及。例如，留下《史记》的太史公司马迁对《山海经》"吾不敢言"，孔夫子也鲜明地表达了"子不语怪力乱神"。对于这种无法解惑的书籍，象牙塔里的学者要么回避，要么遵循当代学科逻辑强行给出答案。

《山海经》是古人的感受，现代人需要提升想象力来理解这种感受

《山海经》阅读存在两大遗憾：

（1）无法抱持像刘向父子那样的情怀来阅读《山海经》。刘向父子怀着文章千古事的情怀，以真实性为原则整理的《山海经》，被后人当作古人的想象。

（2）无法在"流观山海图"时，感受陶渊明"俯仰终宇宙"的境界。很多人说自己看不懂《山海经》，也不相信其他人能看懂《山海经》，却很少有人仔细品味《读山海经》（十三首），去探究真正看懂了《山海经》的读者——陶渊明的思想。

现代人认为，元宇宙起源于尼尔·斯蒂芬森科幻小说《雪崩》。认真分析的读者会发现，斯蒂芬森提出的的元宇宙实际上是虚拟地球、虚拟人类社会的代名词。读过陶渊明的《读山海经》之后，再品味元宇宙的含义，我们会发现，陶渊明流观山海图时，就经历了一场 VR、AR、MR 全开的元宇宙自由之旅。也就是说，提出元宇宙概念的是 30 年前

的斯蒂芬森，他对元宇宙的态度是理性的、悲观的；而真实感受到元宇宙的是 1600 年前翻阅山海图的陶渊明，他对元宇宙的态度是浪漫的、乐观的。

消除这两大遗憾，是当代山海经研究者、艺术家和传播者的共同使命。有了这样的使命感，才能更加靠近真相和拥有更多的真实感受，才能为读者提供元宇宙文化格局下的《山海经》解读和山海图作品，才能激发更多的人去感受《山海经》，提升生命意识的认知。

《山海经》是我们的祖先在生命长河中，直至汉代刘向之前，看见过的、听到过的、经历过的、给人以神奇感受的事物的总记录，用现代语言来说，是中国古代最早的科考记录，是远古人类没有借助任何辅助工具而直接感受到的世界。所以，山海经不是古人的想象，是古人对大自然的真实感受。需要想象的是现代人，现代人需要借助《山海经》来想象古人感受到的世界。

有人认为：古人的感受不是很落后，很蒙昧吗？现代人有必要去想象古人荒诞不经的记录吗？事实上，并没有可靠的科学研究或者证据可以证明，现代人借助先进的科学技术和科学研究成果所感受到的世界比古人更加接近真实。

从某种意义上来说，《山海经》堪称是人类婴幼儿时期的记忆，而现代科学也已经证实，婴幼儿感受到的世界远比成年人想象的复杂。只有极少数的智者，才能学习婴幼儿感知世界的方式。毕加索、爱因斯坦都曾经说过:"向孩子学习。"也许就是这句普通人难以理解的哲思,让他们成为伟大的科学家和艺术家。

现代人借助各种先进的工具来感受世界,古人用生命去感受世界。研究《山海经》,探索现代人和古人感受世界的不同方式,可以帮助人类去唤醒失去的婴儿时期对大自然的直接感受,这是现代人提升想象力和感受力最重要的途径之一,这两种能力是未来人类驾驭和引领人工智能,实现持续进化的双翼。

从远古走向未来,《山海经》是问题之书

提出问题是人类最早的科学思维萌芽,英国著名哲学家约翰·格雷(John Gray)说,科学之外,进步不过是一个神话。只要有问题存在,就会诞生科学探索。

从远古到未来,《山海经》都经历了哪些阶段?

(1)远古时代,《山海经》原文的记录者和整理者都认为:山海经宇宙一直都是真实的存在。

(2)南北朝之后,人们逐渐远离大自然,内忧外患此起彼伏,无法感受山海经宇宙,忽视山海经时空的存在。

(3)当代《山海经》进入信息爆炸、金融制胜、科技高度发达、社会快速运作、文化研究与传播面临转型升级、文明对话面临挑战的时代,互联网让全球越来越多的人知道《山海经》的存在,但也让人们陷入一个新的怪圈：既无耐心去了解《山海经》的"庐山真面目"，也很难有兴致、能力和时间去"身在此山中"。

（4）未来人工智能时代，一千个人有一千个山海经元宇宙，《山海经》有可能成为地球上最受瞩目的文化现象。

传说，《山海经》先有图，后有文，而图画是《山海经》的灵魂。但是，为什么珍稀的《山海经》古图会一次次遗失？现存的最早山海图版本，是明万历二十一年（1593年）胡文焕的《山海经图》吗？舒雅之后，胡文焕之前，为什么没有发现整卷的《山海经图》？是没有人绘制？还是绘制后遗失？遗失的原因是什么？被主流文化差评，还是无人问津后退市？

《辽版山海经图说》可能是为回答这些问题应运而生的，可是，孙见坤依据现存典籍考据认为，胡文焕之前，只有《永乐大典》中《海外东经》的奢比之尸和《海内北经》的据比之尸这两幅图留存于世，其他都已经片纸无存。由此，我们无法判断《辽版山海经图说》是否给出了准确的答案，因为现存典籍只能提供"肯定"的证据，无法提供"否定"的证据。事实上，除了研究契丹文的专家，其他读者可能更关心这样的问题：《山海经》中记录了女娲之肠，却没有记录女娲补天、女娲造人，这是否与《天问》中的质疑——"女娲有体，孰制匠之"有关呢？

把《山海经》当作问题之书，对于现代人有以下重要意义：

(1)屈原的《天问》蕴含的不仅是文学精神,还有人类最早的科学精神。也就是说,通过研究《山海经》和山海图,可以找回来自远古的中国人的科学精神;有了中国人自己的科学精神,我们或许可以在未来元宇宙时代积极回应李约瑟之问。但是,如果我们把这些《山海经》之谜当作"疑点"去消除,武断地给出结论或答案,将会丢失开启科学探索《山海经》的钥匙。那样的话,《山海经》将不再神奇,山海图将再次塌缩回断层时期。

(2)现代心理学研究发现,和家人及同事经常闲聊没有答案的问题,是避免抑郁症,实现家庭幸福、职场幸福的重要科学方法之一。《山海经》蕴含了取之不尽的没有答案的问题,通过观览山海图,现代人可以重新体验陶渊明"流观山海图,俯仰终宇宙,不乐复何如"的真正含义,实现心理学意义上的主观幸福。

(3)当代先进能源经济的联合创始人赫曼特·塔内佳在他的新著《去规模化》中进行了这样一个预测:AI时代最具竞争力的人才不再是博览群书、回答问题的人,而是能提出好问题的人。《山海经》是一个装满了好问题的宝藏,能否读好《山海经》的一个重要标准就是,能否在读了《山海经》之后提出问题,而不是像执着于答疑解惑的前人(屈原和陶渊明除外)那样习惯性地试图给出答案。

开启《山海经》图文新时代，未来《山海经》文化再无断层

未来将会出现：来自世界各地的学者们纷纷挖掘《山海经》，用多元文化诠释《山海经》，从多维视角描绘《山海图》的文化盛景。希望更多的人能为"匠心质造"的《山海图》护航，以创新的方式实现星火传承。也许我们永远无法知道"原始山海经图画"遗失的真实原因，但是，以创新模式开启的山海经图文新时代，每一位热爱《山海经》文化的人，都有义务做一些事情，避免再一次出现文化断层。

那么，当一部典籍开启了新时代，有哪些因素是必须具备的呢？

（1）承上启下。

（2）弥合文化断层。

（3）非凡的想象力和感受力。

（4）融合科学、艺术、古文化三大知识体系。

创新《山海经》文化，要向远古无限挖掘，同时要向未来无限延伸。希望《山海经》文化新时代，能涌现更多的问题，引发更多的探索和创新。但是，无论传统文化的现代创新是否成功，流传下来的古代图文典籍是永远不可替代的。开启《山海经》文化的新时代，首先要致敬整理《山海经》的先贤——刘向父子；其次，要与曾经观览过山海经图画的郭陶（郭璞、陶渊明）进行跨时空沟通；唯有这样，创新的《山海经》文化才能承上启下，弥合文化断层，让古老的文化典籍之树再次生发，焕彩光华，照亮人类走向文化制胜时代的时空大道。

未来是文化制胜的时代，文化资本将成为超越其他资本力量的重要财富，而即将涌现的、生态繁盛的《山海经》元宇宙，有可能是未来AI时代最受瞩目的元宇宙文化现象，也是人类智慧和AI的重要分界线之一。

也许有一天，人类和AI会携手发现：从远古到未来，从未缺席的，一直与人类相伴的山海经平行时空。

清元山海

参考文献：

[1] 王昱. 研究《山海经》三十余年，他们重现了4000年前的华夏地貌 [EB/OL].(2020-11-22). https://www.thepaper.cn/newsDetail_forward_10084223

[2] 张立红. 又见对称与不对称——"流观山海图，俯仰终宇宙"与现代科学[EB/OL].（2021-09-09）. https://baijiahao.baidu.com/s?id=1710411041590248532&wfr=spider&for=pc

https://baike.baidu.com/tashuo/browse/content?id=4507e454576b0be14d612d29